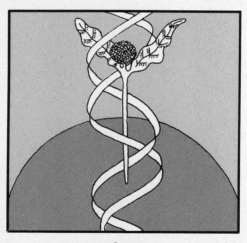

médecines

Collection dirigée par Christian Allègre

Le droit d'être

COLLECTION «MÉDECINES»

JEAN-JACQUES ROUSSEAU
ET
LA MÉDECINE NATURELLE
Serge A. Thériault

LES MÉDECINES POPULAIRES AU QUÉBEC
Diane Simoneau

DU CLAIR À L'OBSCUR
(deux essais d'onto-analyse)
Jean-André Nisole

*La publication de cet ouvrage a été rendue possible grâce à l'aide du
ministère des Affaires culturelles du Québec.*

*Envoyez-nous vos nom et adresse en citant ce livre et nous nous ferons
un plaisir de vous faire parvenir gracieusement et régulièrement notre
bulletin littéraire qui vous tiendra au courant de toutes nos
publications nouvelles.*

LES ÉDITIONS UNIVERS INC.
1651 ST-DENIS, MONTRÉAL, H2X 3K4

Jean Lafontaine

Le droit d'être

**Récit d'une expérience thérapeutique
chez des déficients, fondée sur
la confiance, la liberté et le bon sens**

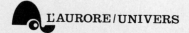
L'AURORE/UNIVERS

DISTRIBUTION

France

Montparnasse-Édition
Quai de Conti, Paris 75006
France

Belgique et Suisse

G.I.A. s.a.
Avenue des Volontaires, 321
1150 Bruxelles, Belgique

Canada

Les Messageries Prologue Inc.
2975 Sartelon, Ville St-Laurent, Québec
332-5860

© LES ÉDITIONS UNIVERS INC.
Dépôt légal, 1er trimestre 1980
Bibliothèque nationale du Québec
ISBN 2-89053-019-1

AVERTISSEMENT

Ceci n'est pas un livre sur les enfants déficients. C'est l'histoire d'une étude sur les enfants en général et finalement, sur tout le monde.

Ce n'est pas non plus un livre sur une technique: c'est le cheminement d'une idée. Un livre facile à suivre parce qu'il parle d'une aventure qui pourrait arriver à n'importe qui.

Et ce n'est finalement pas un livre sur Justin Bournival, qui ne fut jamais qu'un instrument - comme tous les autres -, car il y a, au-dessus de nous et tout autour, quelque chose de très grand et très fort, quelque chose d'incommensurable, dont le secret est d'une vertigineuse simplicité.

Jean Lafontaine

PREMIÈRE PARTIE

I

Quand j'avais dix-neuf ans, un été, par un certain concours de circonstances, j'ai fait la connaissance de Justin Bournival. Je me demande encore si c'était simplement un effet du hasard. De toute façon, ça n'a pas d'importance.

À sa manière, c'était un anarchiste, et je dis cela en sachant parfaitement que très peu de gens saisissent tout ce qu'il y a de positif dans ce mot qui fait peur. Bien sûr Justin avait quarante ans, une femme, cinq enfants, un joli "cottage" blanc à Duvernay, une Fury 1968 décapotable - rouge vin! -, un bon emploi et des voisins charmants... mais quelque chose clochait dans son comportement. À ses yeux, sa femme était une femme, et ses enfants, des enfants. Son char et sa maison étaient des accessoires. Et sa job était une manière de rendre service, donc d'être utile, donc d'être...

Moi, j'achevais tranquillement de passer à travers une adolescence touffue et compliquée et je me suis tout de suite senti à l'aise chez lui. Je dois quand même préciser qu'il avait deux filles, car ce détail n'était pas tout à fait étranger à ma présence dans les parages. Je dirais que c'est par leur intermédiaire que le Destin avait choisi de nous faire rencontrer. Ne sont-elles pas toutes deux mariées à l'heure qu'il est? Et moi, je continue encore à fréquenter leur père.

Il était directeur du Département d'éducation physique dans un hôpital psychiatrique alors appelé Mont-Providence et aujourd'hui rebaptisé Hôpital Rivière-des-Prairies.

C'est Justin qui m'a parlé de Terre des Jeunes, la première fois. Il s'agissait d'une vieille ferme que le Club Kiwanis Laval avait achetée en 1966 d'une certaine veuve Boulanger, qui la tenait de son père. Pourquoi un club achète-t-il une ferme? Pour la mettre au service des nécessiteux, c'est écrit dans sa charte! Or les premiers nécessiteux que le Club Kiwanis a trouvés, c'étaient les patients de l'hôpital où travaillait Justin.

À titre de directeur du Département d'éducation physique, il s'était vu confier la direction du camp de vacances que l'hôpital organisait là durant les mois d'été. Pour les patients hospitalisés à l'année, ces quatre stages de dix jours sur la ferme représentaient une véritable aventure. Mais pour des raisons d'ordre administratif j'imagine, l'hôpital a changé d'idée en 1970, l'année où j'avais dix-neuf ans, et elle a décidé qu'à l'avenir, elle allait envoyer ses patients faire du camping ailleurs.

Justin s'était d'abord opposé à cette décision: la ferme à son avis était un endroit de prédilection. Quand il comprit finalement que la direction ne reviendrait pas sur sa décision, il se demanda si ce n'était pas là un signe à son intention et s'il ne fallait pas songer sérieusement à fonder ce centre de plein air auquel il songeait depuis si longtemps. Car depuis des années, Justin rêvait de travailler "en liberté" avec des enfants.

C'est comme ça que ça s'est passé. Il a soumis un projet au Club Kiwanis et bientôt on a appris qu'on pouvait commencer à penser à "Qu'est-ce qu'on pourrait bien faire sur une ferme, pour que ce soit rentable, intéressant, utile, sain, naturel, épanouissant?..".

Inutile de dire que je me suis retrouvé embarqué là-dedans jusqu'au cou, de même que trois autres gars de mon âge: Michel Généreux, Pierre Brunet et André Langis. Nous étions enthousiastes car cela nous offrait l'occasion rêvée de fuir la ville et de nous soustraire à la nécessité de trouver un emploi ordinaire - ce qui ne nous disait rien de bon. Bref Terre des Jeunes nous apparaissait comme un oasis. C'était une ferme de cent quarante arpents, à Sainte-Julienne de Montcalm, près de Rawdon.

Les premières opérations ont débuté au mois de mars 1971. Michel et Pierre sont arrivés les premiers pour exploiter l'érablière avec Jojo Vanier et Yves Ricard, le seul qui venait de Sainte-Julienne. Pendant cinq semaines d'affilée, ils ont bouffé des oeufs dans le sirop, des fèves au lard, des crêpes dans le sirop, du jambon à l'érable et des patates au four deux fois par jour parce qu'ils n'avaient pas souvent envie de déjeuner. Ils n'étaient pas payés parce que la corporation à but non lucratif que Justin avait fondée n'avait pas d'argent. Il y avait deux grands chalets sur la ferme, c'est le Club qui les avait fait construire pour les patients de l'hôpital. Ils couchaient dans le plus petit de ces chalets et les enfants venaient manger dans l'autre, arrangé en cafétéria. En passant, les chalets n'étaient

14

pas isolés. N'empêche que ce printemps-là, il est venu 738 enfants d'école à ces journées de cabane à sucre. À trois dollars par tête, c'était pas pire pour un commencement.

Après le temps des sucres, on enchaînait avec les "classes promenades". Nous venions d'arriver, André Langis et moi, et Jojo avait décidé que l'air de la ville manquait à son organisme. Chaque matin, deux ou trois autobus arrivaient vers dix heures, remplis d'enfants des écoles primaires de Laval et peut-être même d'ailleurs. Durant toute la journée, on allait leur faire faire des tours en arrière du tracteur ou en charrette tirée par le vieux cheval Prince. On les amènerait visiter les animaux - une truie, quelques poules, une chèvre, deux moutons, deux poneys, deux chevaux, des lapins, des minous... - ou bien au cable de Tarzan. On les ferait passer sur le pont de cable pour se rendre jusqu'à l'île aux lapins; on les ferait promener en chaloupe sur un des deux lacs que le Club avait fait creuser pour les patients de l'hôpital, ou pêcher la perchaude que le gouvernement venait de nous donner. Les enfants aimaient ça, les maîtresses aussi; nous également.

Aux vacances, la ferme se transformait en camp d'été. Perspective-Jeunesse venait d'accorder une subvention pour engager du personnel et nous payer des salaires d'environ $35.00 par semaine. Les nouveaux moniteurs venaient presque tous du C.E.G.E.P. du Vieux-Montréal en Éducation spécialisée, parce que j'ai oublié de mentionner que Justin était aussi professeur au cégep en question.

Ce camp d'été à Terre des Jeunes était spécial pour différentes raisons. D'abord on avait décidé d'appeler ça une "ferme éducative". Si on avait eu un slogan à l'époque, je pense que ça aurait bien pu être: "Venez réapprendre à vivre, sur une ferme!". Ensuite Justin arrivait avec ses principes de psychologie. On allait faire un camp mixte. On allait accepter tous les âges, tous les sexes (!), tous les milieux sociaux et même, toutes les pathologies. Comme ça, on pensait bien ne pas avoir trop de difficulté à se trouver des clients. En réalité c'est parce que Justin voulait que le camp ressemble le plus possible à la réalité et ne pas faire semblant qu'il n'y a que des petits riches ou des petits pauvres, ou des petits malades, ou des petits délinquants, ou des petits orphelins...

Ça nous a fait tout un été! On en a profité pour se monter une ménagerie et un beau jour, Justin s'est mis à nous parler des finances.

La Corporation n'avait toujours pas d'argent. C'est un principe de base des organismes à but non lucratif mais nous n'avions jamais accordé d'importance à ce détail pourtant primordial. Ne répétait-il pas tout le temps que l'argent est secondaire? Les sommes consenties par Perspective-Jeunesse avaient servi à rémunérer les employés durant l'été. Il fallait à tout prix isoler le chalet si on voulait passer l'hiver. Enfouir les conduites d'eau, faire un solage: cela demandait de l'argent qu'on ne possédait pas. En fait, il n'y avait même pas assez d'argent pour nous nourrir durant l'hiver. Depuis longtemps nous avions abandonné l'idée d'être rémunérés... Alors, aux environs du 15 octobre, Justin nous apprit la nouvelle.

Ça s'est passé dans l'étable, un dimanche après-midi vers deux heures. Ça s'est passé très vite. Justin est entré derrière moi pour me dire quelque chose. Je me suis retourné et il a dit que nous devions déménager. La Terre ne pouvait plus nous faire vivre.

Nous avions quinze chiens et treize chats, à part les deux chevaux. Pas d'argent, pas d'emploi en vue et encore moins d'endroit où aller s'installer. On l'a traité de tous les noms. C'était écoeurant.

Après quelques jours de recherches intensives, on a fini par trouver dans le rang Saint-François une petite maison neuve que le propriétaire acceptait de nous louer malgré notre ménagerie. Le pauvre homme ne savait pas ce qui l'attendait. On était "weird"...

Michel et moi avons ensuite débuté comme ouvriers dans une manufacture de palettes. Huit heures par jour, nous enfoncions des clous dans des bouts de planches. Tout à fait le genre d'emploi qui nous faisait horreur. Quinze minutes de repos le matin, quinze minutes l'après-midi. Une heure pour dîner et des sandwiches qui faisaient dur.

La vie à la campagne perdait énormément de son charme.

II

De son côté, Justin était occupé à préparer la prochaine année. Il n'avait pas abandonné son emploi régulier pour se consacrer uniquement à un projet d'été. Il n'avait pas mis tous ses oeufs dans le même panier. C'est pourquoi tous ses oeufs ne s'étaient pas cassés à la fin de l'été.

Cet hiver-là, il mit sur pied un projet "Initiative Locale" qui offrait plusieurs avantages. D'abord il créait de l'emploi pour la main-d'oeuvre locale, ce qui lui attirait la sympathie du voisinage. Du même coup il obtenait l'argent nécessaire à l'isolation du chalet, lequel serait plus apte à abriter ceux qui, au printemps suivant, allaient nous remplacer aux cabanes à sucre et aux classes promenades.

Il avait des projets plein la tête. Il savait que nos gouvernements peuvent confier pas mal d'argent à ceux qui savent comment procéder pour l'obtenir. Il commençait à connaître les termes à employer pour présenter ses projets de façon convenable. Depuis le temps qu'il rêvait d'avoir un camp à lui, il avait accumulé une montagne d'idées. Son regard se précisait. Il voyait plus clair dans l'espèce de protocole gouvernemental ou administratif et tirait les conclusions adéquates.

Il s'apercevait qu'il avait travaillé en fonction de cela toute sa vie. Il se sentait de taille à relever tous les défis. Il venait juste d'avoir quarante-deux ans. De l'endroit où il se tenait, le paysage était enivrant: beaucoup de belles années en vue. Avec un peu de chance et de la détermination, on pouvait réaliser des choses énormes sur une ferme comme celle-là...

Son premier projet fut présenté à l'Hôpital Rivière-des-Prairies en juin 1972. C'était un projet de recherche en déficience mentale intitulé: "Psycho-Socio-Motricité: Hors Milieu".

Basé sur l'hypothèse qu'en dehors de l'hôpital et évoluant dans un milieu non-institutionnalisé les enfants actualise-raient un potentiel "psycho-socio-moteur" jusque-là in-soupçonné, le projet se voulait une solution à différents problèmes caractéristiques des institutions tels la complexité du milieu, le personnel et la communication.

Justin avait travaillé toute sa vie dans les institutions. C'est donc tout naturellement qu'il songeait à proposer des solutions à ces problèmes auxquels il avait été confronté durant tant d'années. Il était loin de se douter qu'à travers une recherche en déficience mentale il allait découvrir la cause d'un blocage relatif à presque tous les enfants du monde, et même apprendre à le solutionner.

17

La raison d'être des institutions psychiatriques - un peu comme celle des prisons - n'est pas tellement de guérir les malades qu'elles abritent, mais surtout de libérer la société du fardeau que représente la masse des malades mentaux. Il n'est donc pas surprenant que sur le plan "efficacité de traitement" elles obtiennent un taux de succès très bas.

Cela n'empêche pas les travailleurs de ces institutions d'être animés de bonne volonté, d'aimer et de vouloir aider leurs patients. Mais le système à l'intérieur duquel ils s'activent n'a pas été conçu pour guérir: il a été instauré pour abriter. Cela remonte à la Révolution française et encore plus loin à une méfiance généralisée à l'égard de la déficience dont on attribuait jadis la cause au diable.

Les hôpitaux et institutions psychiatriques ne sont pas des cadres de vie sains. Bien sûr ils sont dispendieux. Bien sûr nous avons évolué et nos malades mentaux sont traités humainement. Mais bien nourris, bien habillés et bien lavés, ils demeurent inactifs dans le cadre de leur "unité" de six à huit heures chaque jour.

Or une douzaine de malades mentaux assis sur des chaises droites dans une salle d'hôpital à se tourner les pouces sur le ventre - ou à s'arracher les cheveux... -, ça n'a rien de tellement thérapeutique. C'était ça la complexité du milieu: en rassemblant plusieurs centaines de malades mentaux sous un même toit, on saturait. Pour ne pas être dépassé par les événements, le personnel était forcé de limiter les activités, et les patients stagnaient.

Justin avait également observé que le personnel spécialisé fragmente l'enfant, que le personnel préposé le chronomètre en heures d'arrivée, de repas, d'activités organisées, de "break", de sieste, de départ. D'ailleurs le personnel d'une institution présente trop d'instabilité pour que le malade qui dépend directement de lui puisse aspirer à une vie émotive normale. Changement de chiffres, jours de congé, de maladie, réunions syndicales... Tout cela contribue à désorienter le patient.

Quant aux communications, elles étaient trop compliquées pour que le dernier de la ligne n'en souffre pas. Entre le surintendant médical et l'enfant déficient, il existe dans une institution comme Rivière-des-Prairies sept niveaux hiérarchiques distincts. Ce sont là des facteurs qui ajoutent à la complexité du milieu et empêchent la poursuite d'un plan de soins efficace. N'oublions pas que ces enfants vivent 24 heures sur 24 dans ce "milieu complexe", ce qui n'a rien pour favoriser leur épanouissement.

Justin proposait d'essayer de pallier à ces lacunes en plaçant d'abord un nombre réduit de patients dans un milieu non-institutionnalisé. Ce milieu, on s'en doute, était nul autre que Terre des Jeunes.

Il proposait également d'entourer ces patients d'un personnel stable et motivé. Il avait abordé André Désautels, le directeur du Département d'éducation spécialisée du cégep du Vieux-Montréal, lequel offrait de placer des stagiaires en éducation spécialisée afin de prendre soin des éventuels patients.

Le projet proposait des activités centrées sur les acquisitions motrices: marche, équilibration, équitation, natation, raquette, ski de fond... Car Justin avait la conviction que le vécu moteur de l'enfant - même normal - est la base de ses acquisitions psychologiques et sociales. "Plus il aura acquis d'expériences motrices différentes, disait-il, plus ses chances d'intégration seront grandes."

Présenté le 21 juin 1972, ce projet proposait de débuter dès le 19 septembre suivant, c'est-à-dire quelques semaines après la fin du deuxième camp d'été. Justin envisageait à l'époque une durée totale d'environ huit mois. Comme toute cette expérience reposait sur l'hypothèse selon laquelle le vécu moteur de l'enfant est à la base de ses acquisitions, la recette semblait relativement simple: il s'agissait banalement de faire bouger les enfants le plus possible afin de les familiariser avec leur propre corps.

Au niveau de l'enfance, les réalisations corporelles sont très valorisantes. Le procédé de Justin proposait donc d'améliorer le rendement corporel afin d'améliorer l'état d'esprit. Quand on n'est pas capable de poser convenablement un pied devant l'autre, on n'est généralement pas débordant d'ambition. C'est pourquoi les patients acceptent si facilement les longues heures d'oisiveté auxquelles ils sont tenus dans les institutions.

Justin voulait commencer par des choses simples. Essayer de redonner confiance aux patients en les amenant à se surpasser d'abord au plan des réalisations physiques. Doucement, tout doucement, il voulait les guider vers eux-mêmes à travers l'acquisition de leur propre corps.   "Si tu n'a pas confiance en toi, tu n'arriveras à rien de bon. Commence par des petites choses, et obtiens de petites joies. Alors peut-être trouveras-tu la force d'entreprendre de plus grandes choses, génératrices de plus grandes joies."

Il rêvait de préparer un programme d'activités "psycho-socio-motrices" bien adapté qui apporte des solutions aux problèmes. Sur la ferme, avec un groupe restreint, avec une équipe jeune et dynamique, dans un cadre de vie simple et non-contraignant, il pensait pouvoir y parvenir. Et il croyait fermement trouver là une clé capable d'ouvrir bien des portes.

Il commençait à découvrir qu'il ne se contenterait pas d'un simple camp de vacances mais qu'il voulait bâtir un centre de vie, un lieu où on pourrait reprendre contact avec elle. Il s'apercevait tout à coup qu'il voyait grand et cela le stimulait encore.

Le projet "Hors Milieu" fut soumis au Dr Denis Lazure, alors directeur de l'Hôpital Rivière-des-Prairies. Pour des raisons qui ne seront sans doute jamais tirées au clair, celui-ci décida de ne pas apporter son concours à l'expérience de Bournival. Il envoya son bras droit, le docteur Jacques Mackay, aujourd'hui directeur à sa place, apprendre à Justin que l'hôpital refusait de participer.

Coup dur. Mais Justin était persuadé de son affaire. Sans se décourager, il se mit à chercher un nouveau moyen de prouver sa théorie.

L'homme a un besoin fondamental de se réaliser, d'être lui-même. Pour ce faire, il doit vivre, c'est-à-dire expérimenter, ajuster, maîtriser des situations. En cette époque de mécanisation, d'automation et de consommation, l'individu se sent souvent aliéné, dépassé par son travail. Pour retrouver son équilibre, il doit redevenir artisan: créateur, réalisateur, propriétaire de son oeuvre. Enfin, c'était ce que préconisait Justin.

Chaque homme doit vérifier sa valeur (psycho-socio-motrice), entraîner ses facultés, utiliser ses talents et se sentir participant à quelque chose.

"Le client de Terre des Jeunes, disait-il, doit pouvoir retrouver sur la ferme des situations - sportives, agricoles, sociales, culturelles, artisanales, etc. - lui permettant de se réaliser, d'être lui-même, de vérifier ses valeurs personnelles, qu'elles soient à développer, en état de latence ou à retrouver."

La mécanisation, l'automation, la consommation…il s'attaquait à quelque chose de puissant. Mais il avait envie de parvenir à son but et voulait se démener comme un diable.

L'été passa. Le camp de vacances 1972 avait été rempli à 80% par les services et clubs sociaux de Joliette, Saint-Jérôme, etc. C'est de ce côté-là qu'il fallait chercher une solution.

III

Louise R. avait été placée au camp d'été dès la première année, en 1971, par madame Béatrice Ducharme du Service social de Joliette. Louise était une bonne grande fille déficiente qui avait été trimballée d'un foyer à l'autre depuis le début de sa vie. Elle avait treize ans à l'époque. Elle n'avait pas encore trouvé sa place et je dois dire que cet état de chose commençait à la chatouiller légèrement. Avec le temps, elle avait développé un problème affectif et son cas ressemblait à s'y méprendre à un cercle vicieux. Instable parce que trimballée, trimballée parce qu'instable. C'était pourtant une bonne fille relativement simple. Elle avait surtout besoin d'un peu de stabilité, d'affection et de sécurité. Une fois débarrassée de son problème émotif, sa légère déficience n'était pas inconciliable avec la possibilité d'un emploi. Louise serait sans doute très heureuse dans une cuisine avec deux ou trois compagnes qui sauraient l'accepter. Elle avait encore passé tout l'été 1972 à Terre des Jeunes, et puis elle avait été envoyée dans un autre territoire, ce qui occasionnait un transfert de dossier. Au centre de Services sociaux Laurentides de Saint-Jérôme, Madeleine Labelle apprit que Louise était désormais sous sa juridiction. Une vie de plus entre les mains, elle consulta le dossier qu'on lui apportait et entra en contact avec sa consoeur des Services sociaux de Joliette, Béatrice Ducharme, qui avait été la dernière à s'occuper de la nouvelle venue.

L'arrivée de celle-ci à Saint-Jérôme faisait déborder un problème déjà existant. Elle était la cinquième de ces enfants que l'on appelle des cas "borderline" dans le langage du métier, parce qu'ils ne répondent à aucun critère spécifique mais en ont toutefois les caractéristiques. Pas assez déficients pour être placés en institution psychiatrique, ces enfants n'avaient pas non plus un comportement assez acceptable pour être mis en adoption dans des familles. Madame Ducharme parla alors à madame Labelle d'une ferme à Sainte-Julienne où Louise était déjà allée à deux occasions et qui semblait être un endroit acceptable. Voilà le genre de chemin qu'emprunte le Destin !

C'était déjà la fin d'octobre quand Madeleine Labelle rencontra Justin. Il la reçut dans la cuisine de la maison de ferme et lui fit visiter les chalets et la ferme. Il lui présenta également le personnel composé en grande partie de jeunes, nos successeurs qui avaient eu la possibilité de rester après le camp d'été. Et voilà que le travail s'amenait. En novembre 1972, cinq cas «borderline» de Saint-Jérôme arrivaient avec leurs pénates. Louise se retrouvait en terre familière. Il y avait avec elle deux garçons et deux filles qu'on ne connaissait pas. Deux d'entre eux fréquentaient une école spéciale, à Joliette. C'étaient Sylvie et Daniel.

Sylvie avait toujours vécu à Joliette. Déficiente mais non-inhibée, elle était grosse et grande, bâtie comme une armoire. Très sociable, elle avait des manières de géant trop cordial. Quand elle vous accueillait, il fallait prendre garde aux claques affectueuses qu'elle vous assénait dans le dos. Irrémédiablement souriante, Sylvie semblait être la seule personne sur terre à tout ignorer de la particularité de son état. De toute évidence, elle n'avait pas beaucoup d'intelligence. Mais elle avait bon caractère et s'adapta tout de suite très bien. C'était un véritable don du ciel une telle facilité d'adaptation dans un cas comme le sien. Daniel ne pouvait pas être gardé dans sa famille. C'était un grand garçon de seize ans, avec un air franchement bête. Il avait les épaules voûtées et les bras trop longs. Il éprouvait une peur constante et presque panique de tout ce qui bouge et respire. Son regard était profondément hébété et sa bouche, ouverte... À la maison, sa mère souffrait de dépression. Son père dormait tout le jour quand il n'était pas affalé devant la télévision.

Daniel avait surtout besoin de s'affirmer. À la ferme, on lui en donna l'occasion. N'est-il pas stipulé dans ses objectifs que **Terre des Jeunes** doit permettre une plus grande prise de conscience à l'individu, quel que soit son âge, son sexe, son intelligence et son milieu social ? En quelques mois, Daniel fit des progrès considérables. La thérapie n'avait pourtant rien de bien compliqué. On lui donna simplement l'occasion de bouger et quelques tâches simples pour s'occuper. Ces tâches, et surtout la confiance qu'elles symbolisaient, eurent un effet bénéfique sur le garçon dont la personnalité entreprit de s'éclore. Par la suite, Daniel est retourné dans sa famille. Mais il passa d'abord l'été 1973 à la ferme. Il revint également au camp 1974. Il avait aimé l'expérience. L'été suivant, il arrivait parfois à l'improviste sur son dix vitesses tout neuf. De Saint-Jérôme à Sainte-Julienne, il parcourait trente-cinq kilomètres et se débrouillait si bien que personne ne fut surpris outre mesure de le voir arriver, l'été dernier, au volant de la voiture de son père; grand garçon de vingt ans, costaud et responsable, qui agissait comme si son pauvre père avait été confié à sa virile protection. Daniel avait maintenant un emploi et semblait tout à fait guéri.

Jacques était un enfant de douze ans à l'intelligence normale qui affichait des troubles socio-affectifs. Il avait vécu autrefois chez une dame âgée contre laquelle il semblait révolté. C'était un enfant extrêmement gâté et présentant un problème d'agressivité très poussée. Le jour de son arrivée, il cracha au visage de Pierre Bournival. Comme cela arrive quelquefois, ils devinrent par la suite de grands amis. Jacques changea également beaucoup. Il commença par adopter un comportement plus sociable et s'adoucit considérablement. Cette approche des individus que l'on pratiquait à la ferme cet hiver-là aurait sans doute donné d'excellents résultats si seulement le projet avait pu continuer. Mais il semble que pour ces messieurs du Ministère, la classification avait davantage d'importance. Quelqu'un là-bas évalua un jour que le potentiel humain était mal réparti entre Saint-Jérôme et Montréal, et découvrit que compte-tenu de son effectif nécessiteux, Saint-Jérôme avait déjà trop de foyers d'accueil et que par conséquent, certains d'entre eux devraient être fermés. Les travailleurs sociaux eurent beau tenter d'expliquer que si l'on ne manquait pas de familles capables de prendre des enfants à charge, il n'y avait pas encore suffisamment de foyers acceptant les cas «border-line», rien n'y fit. C'est regrettable car, de novembre 1972 à mars 1973, chacun des enfants placés à Terre des Jeunes avait fait des progrès respectables.

Même la petite Loulou commençait à s'épanouir. Cette enfant de dix ans qui ne parlait pas, bloquée au niveau du langage, avait comme cessé de grandir. Comme un petit bébé, elle avait besoin qu'on la berce et qu'on lui fasse sa toilette. Elle avait de jolis cheveux blonds et un visage attachant. Elle avait grandi dans un hôpital psychiatrique à cause de ce qui semblait être un blocage émotif. Mais elle pouvait aussi avoir toujours été retardée. On ne saura sans doute jamais si elle était véritablement retardée mentalement ou si elle refusait simplement de grandir dans un monde qui ne la satisfaisait pas. Chose certaine, l'usage de la parole ne lui était pas interdit irrémédiablement puisqu'un jour, Loulou s'est mise à chanter toute seule et comme sans y prêter attention. Quand Jules est arrivé de Rivière-des-Prairies, en janvier 1973, ces deux-là se sont liés d'amitié. Ils jouaient comme des enfants et promenaient sur la glace une vieille poupée dans un traîneau.

En déficience mentale comme ailleurs, l'endroit d'où l'on se place pour regarder a énormément d'importance. Autant certains enfants peuvent sembler monstrueux sous un tel éclairage, autant ils peuvent devenir humains et inspirer la paix quand ils s'amusent en toute liberté dans un environnement non-contraignant. Presque tous ceux qui vivent en institution souffrent de frustration émotive ou affective. Ils se sentent opprimés et c'est comme si quelque chose dans la structure même de l'institution les empêchait d'être véritablement. Laissés à eux-mêmes dans un milieu non-contraignant, ces enfants demeurent sur la défensive pendant une période d'une durée relative à leur niveau de frustration accumulée. Chez ceux qui réagissent le plus négativement à l'institution, le processus de dégagement est proportionnellement long. On verra plus loin comment un patient est demeuré enfermé dans sa chambre durant les vingt premiers jours de son séjour à Terre des Jeunes, et ce, malgré qu'on lui ait laissé l'entière liberté de ses mouvements. Habitués de vivre dans un cadre restreint, les êtres éprouvent parfois un sentiment presque panique face à la liberté.

Nous avons récemment acheté dix poules dans un poulailler de production avicole. Ces poules n'avaient pas encore un an de ponte à leur actif, mais elles n'avaient jamais connu la liberté. Nées dans un incubateur électrique, elles avaient grandi en troupeau et s'étaient retrouvées dans une petite cage semblable à trois mille autres, dans un poulailler sombre et empestant l'azote, dès qu'elles avaient atteint l'âge de pondre un oeuf.

24

Elles passaient leurs journées et leurs nuits dans ces cages minuscules qui leur laissaient à peine assez d'espace pour se retourner. Elles étaient nourries à la moulée industrielle, farine de poisson qu'elles absorbaient en se passant la tête à travers le grillage. Les cages étaient fixées de telle manière que leur oeuf tombait tout chaud dans un dalot où l'homme le recueillait tous les matins. C'était toute leur vie. Manger, boire, pondre et dormir. Il en résulta des volailles parfaitement abruties qui s'entassèrent dans un coin pendant une dizaine de jours après que nous les ayons lâchées dans le poulailler. Elles auraient dû sauter, courir dans tous les sens et s'en donner à coeur joie, maintenant qu'elles avaient de l'espace. Mais au contraire, la liberté tellement subite les paralysait. Ces poules n'avaient jamais connu la liberté et l'espace les terrorisait. Elles n'avaient jamais eu l'occasion d'essayer leurs pattes ni leurs ailes. Elles n'étaient pas préparées psychologiquement et physiquement à affronter l'espace. Il est à parier qu'aucune de ces dix poules n'accèdera jamais au niveau de vie d'une autre, élevée dans la liberté dès le début, et qu'elles demeureront sans doute des poules déficientes toute leur vie. En liberté du moins. Car dans leurs petites cages, ces mêmes poules gagnaient honorablement leur moulée. Le graphique de leur production se maintenait aux alentours de 66%, ce qui sans être époustouflant est quand même une moyenne respectable.

Bien que de courte durée, le premier centre d'accueil de réadaptation créa un précédent à Terre des Jeunes. Il apportait à chacun de ceux qui y participèrent la nette impression d'être sur la bonne voie. En misant sur une approche décontractée et respectueuse de l'individu, on semblait tenir un fil conducteur. Des formules comme la liberté et la simplicité paraissaient étonnamment prometteuses. Tout cela reposait pourtant sur un principe employé couramment en institution.

En effet, la "normalisation" est devenue une méthode d'approche à la mode. En rééducation, ce principe veut présenter au patient une approche de personne normale, traitée normalement selon son milieu: soit dans sa façon de vivre, ses vêtements, sa nourriture, ses activités, ses sorties, ses loisirs, etc. Il semble cependant que le milieu de vie à l'intérieur duquel ce beau principe est généralement mis en application - l'institution -présente des aspects directement contradictoires qui ont pour effet, justement, d'entrer en contradiction

25

flagrante avec la philosophie proposée. Comment peut-on se croire considéré comme un être normal, en effet, quand on n'a pas droit de regard en ce qui a trait à des aspects aussi légitimes que la nourriture, le vêtement et le choix des activités? Comment peut-on se prendre pour un individu normal quand toutes les fenêtres sont grillagées et qu'on est obligé de rester dans son lit même si le sommeil ne vient pas? Quand il ne s'écoule pas une semaine sans que quelqu'un vous demande d'identifier votre nez, votre genou, votre ventre, votre joue, votre coude, votre cou, et qui vous félicite si vous ne faites pas trop d'erreur?

C'est pourquoi dans un cadre de liberté, une approche fondée sur le même principe de normalisation obtenait beaucoup plus de succès puisque l'environnement n'était plus en opposition directe avec la façon dont les gens vous abordent. Reconnaissez tout de même qu'il faut des aptitudes particulières pour parvenir à dissocier la réalité quotidienne de l'existence en général. Qu'il faut une certaine force de concentration pour se laisser prendre par un "Bonjour mon cher! Comment allez-vous?" quand on vient de se faire réveiller par un règlement et qu'on a chié dans sa culotte durant la nuit. La normalisation qui veut amener le sujet à se comporter comme s'il était normal sous-estime généralement ceux à qui elle s'adresse.

À Terre des Jeunes, le personnel est généralement non-spécialisé. C'est sans doute pourquoi il aborde les problèmes de façon beaucoup moins fragmentaire et est moins porté à cataloguer le client. Lorsque les clients sont regroupés selon l'étiquette - délinquant, drogué, drop out, handicapé physique, mésadapté social, déficient léger ou profond, psychotique, etc... - le personnel est enclin à adopter un comportement préjugé, dû à cette étiquette. À Terre des Jeunes, la mixité d'âge, de sexe et de pathologie produit l'effet contraire et ramène les individus au simple statut d'êtres humains.

Le personnel non-spécialisé offre aussi l'avantage de pouvoir aborder les différents aspects d'un même sujet. Il jouera tour à tour les rôles de moniteur, d'infirmier, d'éducateur physique, de psychologue, de professeur, etc. Un jour viendra sans doute où le personnel en général sera tellement spécialisé et où il y aura tellement de têtes carrées, que le personnel non-spécialisé tel que décrit ici deviendra une denrée rare et recherchée, car elle signifiera des travailleurs encore capables de s'adapter à différentes situations. On réalisera alors grâce à lui d'infinies économies de temps, d'espace et d'énergie.

Mais on n'en est pas encore là. En attendant, il y avait trop de foyers d'accueil à Saint-Jérôme et, en mars 1973, le Ministère retira Louise, Sylvie, Daniel, Jacques et Loulou de la "ferme de Sainte-Julienne". Par contre un mois auparavant, l'hôpital Rivière-des-Prairies s'était décidé à y placer six déficients profonds. Cinq de perdus, six de retrouvés! L'un de ces six patients allait même contribuer grandement à faire connaître Terre des Jeunes. Et encore bien davantage...

IV

Justin rêvait d'une sorte de "kid power".

La force de revendication des enfants, bien connue lorsqu'il s'agit de l'achat de tel ou tel jouet ou de telle marque de céréales, voilà sur quoi il comptait pour faire la promotion de Terre des Jeunes. Il se disait qu'un campeur qui aurait apprécié son séjour sur la ferme saurait bien s'arranger pour y retourner l'année suivante. Et qu'il amènerait peut-être même avec lui un ami, un cousin, un voisin... Selon lui, la qualité des services offerts suffirait à générer la promotion.

S'il ne désirait pas avoir à faire de la mise en marché, il ne voulait pas non plus être seul à bâtir Terre des Jeunes. Comme toujours, il voyait les choses avec son sens très poussé de la démocratie. "Quand on aura un gars vraiment intéressé au travail de l'étable, disait-il, il saura bien comment s'y prendre pour l'exploiter et pour l'améliorer. Même chose pour le jardin, les enfants, les différents projets." Justin voulait que règne sur la ferme un climat favorable à l'épanouissement. Un climat dans lequel les gens travailleraient de bon gré, parce que responsables et intéressés. Un climat de saine créativité et de participation. Mais pour y parvenir, pas question de songer à imposer sa volonté en dictateur.

"La ferme doit appartenir à ceux qui y travaillent, disait-il. Elle doit être l'oeuvre de ses résidents." Un tel respect de la démocratie ne pouvait pas manquer de lui attirer des ennuis.

27

Au printemps 1973, Jean-Paul Tanguay avait vingt-quatre ans. C'était un beau garçon bien bâti, avec un nez légèrement épaté et des cheveux crépus. Il avait fait son cours classique au collège Sainte-Marie et s'était passionné de philosophie. Un beau jour, il avait tout abandonné et s'était retrouvé sur une ferme en compagnie de son ami Mario Morin et de son frère cadet Louis. Cette ferme appartenait à un de leurs oncles, ils y pratiquèrent l'élevage commercial du lapin. C'était l'époque où tout le monde en ville parlait de retour à la terre, l'époque où tout le monde voulait s'acheter une ferme et vivre de la culture d'un jardin utopique. C'était évidemment un rêve passablement abstrait qu'une minorité de privilégiés parviendraient à concrétiser. Jean-Paul, Mario et Louis semblaient appartenir à cette catégorie. Cela leur valut honneurs et considération, car ils avaient obtenu tout de suite ce que d'autres allaient attendre toute leur vie.

La vie à la campagne plut immédiatement à Jean-Paul. Après les thèses et les dissertations, après la philosophie et les premières expériences de drogue; après la folle vie de jeunesse dans une grande ville et les interminables discussions d'adolescents, il appréciait le calme simple de sa nouvelle occupation. Il ne détestait pas les animaux et se faisait un point d'honneur de leur assurer une existence décente avant de les envoyer à l'abattoir. Qui sait, il y serait peut-être encore si un fameux incendie n'avait tout ravagé un beau soir.

On ne sut jamais exactement comment le brasier prit naissance. Sans doute une négligence banale fut-elle la cause du sinistre. Tous les lapins périrent cette nuit-là, et la maison passa bien près de disparaître aussi. Pour Jean-Paul et ses compagnons, deux années de travail et de beaux projets s'en allaient en fumée. L'oncle ne désira pas tenter l'expérience à nouveau et mit la ferme en vente. Il fallut songer à déménager.

Mais Jean-Paul ne voulait plus retourner en ville. Était-il simplement piqué dans son amour-propre? Avait-il véritablement succombé au charme de la campagne? Durant ces deux années, il avait commencé à dresser la charpente d'une forme d'existence qui lui convenait réellement. Retourner à Montréal eut été revenir en arrière, et cela n'avait pas le moindre sens à ses yeux. Jean-Paul n'avait pas d'autre obligation que celle qui consiste à se sentir en harmonie avec soi-même. Il envisageait sans doute de s'en aller à l'aventure lorsque quelqu'un lui parla de Terre des Jeunes.

Dès la première rencontre, il produisit une impression favorable sur Justin. Jean-Paul avait fière allure. Il savait s'exprimer et avait une certaine expérience des travaux de la ferme. Comme il ne manquait pas non plus d'intelligence, la malchance qu'il venait de vivre suffisait à teinter ses propos d'un certain réalisme qui jouait en sa faveur. Tout heureux qu'une telle occasion se présente, il débordait littéralement d'enthousiasme et trouvait quelque chose à dire sur tous les sujets. Les conditions de travail lui semblaient acceptables et le côté salaire lui était tout à fait égal.

Sur la ferme, Jean-Paul trouva vite sa place. Comme le chat, il semblait retomber invariablement sur ses pattes. Il ajusta son personnage à ce nouveau cadre de vie et devint le porte-parole du petit groupe de moniteurs en place pour les cabanes à sucre. Bientôt, cette nouvelle aventure allait prendre de la consistance.

Josée Taillon était une petite bonne femme absolument pétillante. Frêle, elle avait un visage étonnant dont la beauté ne frappait pas dès le premier instant. De son père elle tenait son regard légèrement moqueur ainsi qu'une certaine timidité. Elle se donnait des allures un peu garçon qui ne parvenaient qu'à mieux faire ressortir sa féminité. Elle ne souriait pas plus souvent qu'il faut et je dirais que c'est sa moue qui la caractérisait le mieux.

Elle aimait la campagne et les animaux, le travail manuel, les enfants, la musique; c'était peut-être une fille comme tant d'autres, mais elle avait une personnalité bien à elle. Dans ses jeans et sa chemise rouge à carreaux, vingt printemps attendaient un prince charmant.

Jean-Paul comprit très vite qu'il devait être cet heureux élu. Le printemps sur la ferme fut témoin de la naissance de leurs sentiments. Cela influença l'ambiance de la maison de ferme où ils vivaient et par le fait même, le moral de toute l'équipe. Il y avait alors Pierre Bournival, Marc Laforêt, France Laplante, Jeanine Daviau, Alain Beauregard, Robert Campion et Danielle Smith. Bientôt ce fut au tour de Pierre et France de s'enflammer, puis de Bob et Danielle...

Jamais cabanes à sucre et classes promenades ne furent mieux animées. Jamais le jardin ne produisit autant de beaux légumes que cet été qui suivit. Il y avait de la pureté dans l'air et une impression d'intensité sereine se dégageait du personnel. Terre des Jeunes en entier brillait d'un éclat particulier.

Cela devenait trop beau pour durer. Le bonheur est trop permissif. Dans ce climat d'amour et de partage, quelques tabous risquaient de se faire bousculer. Vint le jour où ce camp accrédité par l'Association des Camps du Québec découvrit qu'il souffrait d'un problème de promiscuité.

Jean-Paul amena le sujet sur la table. Il aimait son travail et dégageait assez d'amour pour se sentir en sécurité. À Justin qui s'était toujours montré respectueux de sa personne, il déclara un soir:

"On est tannés de changer de chambres toutes les nuits." Il ne demanda pas la permission mais annonça qu'ils allaient devoir réorganiser les chambres en fonction de leurs vies de couples. Il avouait volontiers que depuis belle lurette, le système des garçons et des filles chacun de leur côté n'était plus respecté.

Justin fut le seul à se montrer surpris. Dans son enthousiasme de créer la ferme, lui seul pouvait n'avoir rien remarqué.

De toute évidence, c'était un problème. Mais il fallait être logique, et concilier. Tous ces jeunes gens étaient majeurs. Ils avaient droit à leur autonomie et donnaient par ailleurs un excellent rendement. S'ils désiraient mener la vie de couple, cela les regardait. Ne trouvant rien de mieux à proposer, Justin fut contraint d'accepter, et la motion fut enlevée par la majorité. À la première réunion de la Corporation, il exposa le problème. Mais la Corporation ne trouva, elle non plus, rien d'autre à proposer.

Comme l'adoption de ce nouveau règlement ne changeait pas grand-chose à la réalité, l'été se serait sans doute écoulé sans histoire si l'affaire ne s'était ébruitée.

Le 15ᵉ anniversaire de fondation de l'Association des Camps du Québec eut lieu un jeudi de juillet. La fête était honorée de la présence d'Yves Bélanger, le sous-ministre adjoint à l'Éducation. Accompagné de son fils Pierre, Justin se rendit sur les lieux et il eut l'occasion de faire la connaissance du sous-ministre. Il lui parla de Terre des Jeunes et remercia monsieur Bélanger pour la subvention que son ministère venait d'accorder aux Habitations Jeanne-Mance. Le sous-ministre se souvenait. Ils échangèrent des propos et découvrirent que le fils

Bélanger s'adonnait à l'élevage du lapin. D'une chose à l'autre, une visite à Terre des Jeunes fut cédulée pour le jour même.

La ferme était accréditée depuis un an à peine. La visite du sous-ministre ferait office de consécration. C'est ainsi du moins que Justin entrevoyait les choses lorsqu'il lui confia naïvement la manière dont les moniteurs organisaient leur vie personnelle. Le sous-ministre fronça les sourcils. Justin prit cela pour une manifestation d'intérêt et proposa de lui présenter Jean-Paul. Le sous-ministre accepta volontiers, car son emploi exigeait qu'il soit à l'écoute des besoins de ses administrés...

Jean-Paul reprit donc, à l'intention du sous-ministre, son exposé des faits. L'homme affichait un air intéressé sur un visage compréhensif. Il posa des questions auxquelles l'autre répondit en toute franchise, discutant ouvertement des aspects de sa vie privée, sans pudeur excessive. Les cadres de la discussion s'élargirent. On parla du travail avec les enfants, de l'orientation de Terre des Jeunes, des projets et des rêves de chacun, de sorte qu'au bout de deux heures et demie, lorsque le sous-ministre prit congé, il laissait derrière lui une impression très favorable.

Le lendemain pourtant, renversement brutal de la situation. Coup de téléphone du sous-ministre à Justin afin de lui exprimer toute son inquiétude quant aux objectifs et à l'orientation du camp. Nouvelle visite le jour suivant afin de se convaincre du bien-fondé desdites inquiétudes.

La visite de l'inspecteur de l'Association des Camps du Québec a lieu généralement tous les deux ans. Celui-ci était déjà passé à Terre des Jeunes au printemps 1972 lorsque le camp reçut son accréditation. Il ne devait donc pas revenir avant le printemps 1974, et Justin fut surpris un instant de le voir arriver à l'improviste le lendemain vers vingt et une heures. François Paiement, l'inspecteur, ne cacha pas que les conditions de logement du personnel captaient principalement son intérêt. Justin comprit qu'il avait sur les bras une grosse affaire de sexe, la chose la plus disgracieuse dont puisse souffrir un camp qui se respecte.

Les négociations se firent par courrier recommandé. La première lettre arriva le mercredi 19 juillet. Elle venait de Rosaire Corbin, président provincial de l'Association des Camps du Québec. Elle disait:

Cher monsieur Bournival,

Le Secrétariat provincial de l'Association était saisi, la fin de semaine dernière (14 juillet) de commentaires décrivant la promiscuité du personnel à votre camp. Nous recommandions à M. François Paiement de visiter votre camp, lundi soir le 16 juillet dernier dans le but de nous permettre de formuler un jugement positif et le plus adéquat possible; ceci nous permettant de vous mieux protéger ainsi que tous les membres de l'Association. Il semble à ce moment-ci que l'Association des Camps du Québec ne soit pas prête à endosser un tel type d'expérience; conséquemment, nous vous demandons de bien vouloir aménager pour votre personnel des locaux qui éviteront toute promiscuité.

Nous apprécierions grandement recevoir de vous une lettre nous confirmant que vous aménagerez pour votre personnel des locaux qui éviteront toute promiscuité. Si nous ne recevions pas une telle lettre d'ici le 1ᵉʳ août 1973, nous serions alors dans l'obligation de suspendre votre camp comme membre de l'Association.

Dès l'automne, nous verrons à mettre à notre programme d'études les questions spécifiques relatives au personnel et plus spécifiquement à la situation que nous ne pouvons accepter présentement.

Veuillez croire, cher monsieur Bournival en notre plus sincère collaboration.

> *Respectueusement vôtre,*
> *Rosaire Corbin*
> *Président provincial*

La grosse affaire, avec le sexe, c'est qu'il fait encore peur aux gens. Si ces jeunes gens ont une vie sexuelle, seront-ils encore aptes à s'occuper de nos enfants? Telle semble être la question que se posaient les membres de l'Association, et pourtant tous ceux qui ont des enfants ont sensément aussi une vie sexuelle. Le problème était donc relatif au mariage. Le dernier paragraphe de la lettre de monsieur Corbin permet de supposer que lui-même entrevoyait la possibilité de revenir sur le jugement rendu... après étude.

D'ici là, toutefois, il se voyait dans l'obligation de condamner fermement une attitude aussi permissive. Plus concrètement, il passait aux menaces.

Le lendemain, la lettre du sous-ministre arrivait. En voici un extrait significatif:

Je tiens donc à vous dire que je ne peux m'associer au mode d'opération tel qu'il a été retenu pour votre camp. Tout de même, le Haut-commissariat est prêt à vous aider dans la recherche d'une nouvelle orientation pour votre action, et c'est pourquoi je demande à monsieur Claude Despatie de communiquer avec vous dans les plus brefs délais. Nul doute qu'ensemble vous pourrez trouver les moyens appropriés pour répondre aux besoins de cette clientèle très spéciale et diversifiée qui fréquente votre camp.

Entre autres choses, le Haut-commissariat a le pouvoir de décider de la fermeture d'un camp lorsqu'il juge que celui-ci ne répond pas aux critères. Et justement, la situation en cours à Terre des Jeunes risquait d'être sérieusement compromettante.

Monsieur Despatie fit une des meilleures inspections dont un camp puisse rêver. Il ne se gêna pas pour questionner abondamment les campeurs eux-mêmes, de manière à évaluer de façon pratique le rendement de Terre des Jeunes. S'il y avait un problème de promiscuité, les enfants ne semblaient pas en souffrir. Leur témoignage fut très positif et disposa favorablement l'inspecteur. En allant ainsi à l'essentiel du problème - le bien-être physique et moral des enfants - il favorisait la défense du camp. Mais dans la lettre qu'il adressa à Justin le lendemain, il crut bon de mentionner l'importance de se conformer aux exigences du Haut-commissariat. Bien que teintées d'indulgence, ses observations comprenaient la suivante: *Le regroupement des jeunes par catégories d'âge s'impose, mais la promiscuité des tribus au campement peut présenter certaines difficultés dans le comportement des jeunes, sensibles et curieux des gestes posés par les plus vieux.*

Un autre paragraphe s'attachait à souligner que: *la propreté dans un camp subventionné par l'État ne doit laisser aucun doute dans la population quant à l'ordre et à la qualité des programmes.*

Et Terre des Jeunes appartenait effectivement à la catégorie des camps "subventionnés par l'État" même si aucune subvention n'avait encore été octroyée. Justin devait donner sa réponse à l'Association avant le 1er août. Le 31 juillet, sa décision fut prise. Il écrivit:

Je tiens à vous réitérer toute ma collaboration en acceptant de modifier les locaux de façon à éviter toute promiscuité.

Il restait quatre semaines au camp. Justin avait choisi de faire un compromis pour tenter de sauver l'essentiel. Quand il les eut informés de la tournure des événements, les moniteurs ont tout de suite proposé de revenir à l'ancienne formule. Mais c'était maintenant au tour du directeur de contester. Il refusait d'admettre que seule la peur des représailles puisse motiver son comportement. S'il ne tenait pas particulièrement à favoriser l'activité sexuelle à Terre des Jeunes, il refusait carrément de s'ingérer dans la vie personnelle de ses collaborateurs. Quand on exige de son personnel qu'il soit responsable, le minimum de décence veut que l'on reconnaisse ses droits essentiels.

Dans son esprit, les moniteurs avaient droit à leur vie sexuelle. Mais il fallait établir leurs locaux de manière à satisfaire les autorités. Il demanda donc à ses employés d'habiter, en principe, chacun dans une tente individuelle. Chacun eut donc sa propre tente. Mais personne n'a jamais fait d'inspection et rien ne permet d'établir qu'ils y passaient effectivement la nuit. Après avoir concilié *Je comprends et je partage votre inquiétude concernant ce que vous appelez "un tel type d'expérience"*, il crut bon de préciser:

Cependant, ce problème, s'il en est un pour quelques-uns, ne constitue pas notre principale préoccupation, ayant une thérapie individuelle ou collective à exercer auprès de soixante-dix campeurs-problèmes. Pour exercer ce travail difficile, le personnel est choisi parmi ceux qui nous semblent le mieux disposés à s'engager dans une expérience pédagogique et assumer les responsabilités d'un camp décentralisé, acceptant la mixité d'âge, de sexe, de pathologie et de non-pathologie.

Il s'ensuit donc qu'actuellement au camp, on retrouve une population de moniteurs responsables, possédant l'autonomie sur le plan familial, ou encore des employés de 17-18 ans ayant le consentement familial de mener une vie autonome.

Ces gens autonomes constituent la majorité du personnel, soit vingt-cinq sur vingt-neuf employés. Il faut aussi tenir compte que dix des vingt-cinq employés autonomes sont résidents sur la ferme où ils habitent depuis le mois de mars. Donc, pour ces vingt-cinq personnes, il n'y a pas de mélange de personnes confus et choquant. En ce qui concerne les quatre autres, les locaux et la surveillance sont de nature à éviter toute promiscuité.

Quand on exige du personnel qu'il endosse des responsabilités, il est judicieux de lui présupposer les qualifications nécessaires à endosser d'abord les siennes. Justin prit un ton fort aimable pour terminer sa lettre:

Afin de vous faciliter la tâche, je vous adresse une liste de noms du personnel indiquant la fonction, l'âge, l'autonomie, la résidence, ainsi qu'un tableau du regroupement des âges.

Espérant le tout à votre entière satisfaction, monsieur Corbin, je vous invite à visiter Terre des Jeunes n'importe quand. Le personnel participe à la recherche d'un mieux-être et ce n'est pas toujours simple. Nous sommes ouverts à toute suggestion.

On n'en entendit plus parler de l'été et à l'automne, l'Association tint promesse. Le problème de la promiscuité dans les camps fut l'un des deux sujets à l'étude. Seulement, l'affaire fut traitée à la blague. Les dix directeurs de camps qui furent interrogés à ce sujet choisirent de répondre évasivement, et si chacun d'eux reconnut avoir eu connaissance de "certains rapprochements nocturnes" dans son camp, ils préféraient nettement minimiser les choses en essayant d'en rire.

"Dans mon camp, disait l'un deux, ils vont faire "ça" dans la nature. Le problème, c'est qu'ils ne connaissent qu'un endroit. Il faudrait songer à installer un drapeau pour faire savoir aux autres quand le "spot" est occupé!"

J'aurais probablement conclu que la morale de toute cette histoire fait désormais partie des moeurs à Terre des Jeunes et que quand Justin rencontre un homme politique, il n'aborde que les sujets dits acceptables, mais une récente discussion avec lui m'a convaincu du contraire.

"Je n'aime pas dire que je camoufle les choses pour mieux les faire passer, me disait-il. Toute cette histoire a été une excellente forme de publicité pour Terre des Jeunes.

— Ça!?!, dis-je, éberlué.

— Mais oui. Tu vois, je n'avais encore jamais eu l'occasion de rencontrer le président de l'Association des Camps du Québec. Pour lui, Terre des Jeunes n'était qu'un nom de camp parmi tant d'autres. Aujourd'hui, il sait qui nous sommes, comment nous agissons; nous avons eu des visiteurs importants durant l'été 1974 justement à cause de cette histoire de vie de couple chez les moniteurs. De plus, toute cette affaire est parvenue à nous créer des sympathies au Ministère et quand ils ont des subventions à octroyer, ils savent que nous sommes un camp responsable, que nous faisons un travail difficile et que nous avons particulièrement besoin de leur appui."

Il avait mille fois raison. D'ailleurs, les événements n'ont pas tardé à le prouver. Le 23 janvier 1975, Terre des Jeunes recevait une première subvention de $ 5000 pour la construction d'une fosse septique. La lettre qui accompagnait le chèque était signée Yves Bélanger, sous-ministre adjoint.

DEUXIÈME PARTIE

I

Il est toujours intéressant d'observer un processus de germination. Tout ce qui vit a connu le sien propre et c'est encore le plus loin qu'on puisse s'aventurer vers "le commencement".

Des choses plus abstraites, comme les idées, germent également puisqu'elles sont appelées à vivre à leur manière. J'ignore comment on les y sème, mais elles prennent forme dans le cerveau des hommes. Il leur arrive parfois même d'y croître de telle manière qu'elles en viennent à influencer le cours des choses et plus généralement, elles écrivent l'histoire de l'humanité.

La graine se gonfle d'eau et la transformation s'opère. Si les détails diffèrent, le cheminement global reste le même chaque fois. Il en résulte toujours quelque chose d'irréfutable. C'est la vie. On observe que plus le processus de germination est long, plus ce à quoi il cèdera la place sera appelé à s'imposer. Mais il apparaît également que l'origine véritable que nous recherchons se dérobe à nos yeux. Invariablement, on arrive en pays étranger. Notre logique froide n'a plus sa fière allure. Ce que nous suggère notre esprit défie les lois de la pesanteur. On nage en pleine abstraction. On flotte. L'absurdité devient presqu'abordable. Le fait est que tout se drape de dualité quand on remonte vers le commencement, les contraires s'unissant pour donner naissance à un merveilleux paradoxe.

"Les plus grands égoïstes, disait monsieur Madelin, ont suscité autour d'eux les plus grands dévouements." La médecine d'aujourd'hui préciserait "les plus grands nécessiteux" en terme de maladie.

Jeu des contraires qui conspirent. Au chapitre des origines, le *Livre de la Mythologie* parle d'un vide tellement douloureux, tellement inconcevable, qu'il engendra sa propre antithèse: l'univers. Personnage allégorique, la Vérité fut peinte femme nue sortant d'un puits, et tenant un miroir à la main. La nature semble toujours s'inspirer d'un même modèle de développement initial. Plus on observe celui de créatures simples, plus on a l'impression de percevoir comme une indication.

Telle une graine apportée par le vent, l'idée qui allait donner vie à Terre des Jeunes était encore enfouie sous terre. D'obscures et lointaines raisons avaient fait en sorte que Justin Bournival lui serve d'enveloppe. Aussi loin qu'on puisse reculer dans l'histoire de cette graine - de cette idée - on les retrouve liés l'un à l'autre, indissociables; le comportement du premier dicté par la nature de la seconde. Au-delà de cette réalité, les circonstances et les êtres ne sont plus que voyageurs intemporels dont les rôles convergèrent sans qu'on puisse, en toute honnêteté, prétendre qu'ils furent guidés par une volonté déterminante.

Depuis longtemps, très longtemps, l'idée germait dans le cerveau de Justin. Mais la nature imposait son rythme absolu, et le temps s'écoulait. Quand la première pousse déchira l'enveloppe terrestre et se pointa dans le soleil, personne n'y porta attention.

Jules arriva à Terre des Jeunes le 24 janvier 1973. Il allait avoir dix-sept ans au cours du mois suivant. Il arrivait directement de l'hôpital psychiatrique Rivière-des-Prairies où son cas avait été étudié sous tous les angles et de tous les côtés comme en faisait état son dossier.

L'histoire de cet adolescent était écrite dans ce dossier à la rédaction duquel d'éminents spécialistes avaient participé. On persiste à me répéter que Rivière-des-Prairies est sans doute l'hôpital psychiatrique le plus spécialisé au Québec et peut-être même au Canada tout entier. Je n'y vois pas d'inconvénient. Chose certaine, Jules en connaissait tous les racoins, toutes les salles, et on lui avait fait essayer toutes les spécialités de la maison: il avait pensionné là à temps plein pendant plus de douze ans.

L'histoire d'un enfant déficient mental, de type mongoloïde ou pas, est à la fois banale et révoltante. Banale parce que ce sont toujours les mêmes détails presque infimes qui décident de leur condition, et révoltante parce que toute leur vie et celle de leur entourage seront conditionnées et généralement gâchées parce qu'un spermatozoïde parmi un million affichait un mauvais agencement de chromosomes; parce qu'une fenêtre ouverte au mauvais moment a suscité un courant d'air qui fut la cause d'une méningite (cérébro-spinale épidémique) chez l'enfant; parce que fillette, telle femme n'a pas eu la chance d'attraper la rubéole à temps et que ça lui est tombé dessus juste au moment où elle allait donner la vie. Des détails ridicules, microscopiques, mais qui peuvent vous transformer une existence en moins de deux.

On dit que Dieu s'amène comme un voleur. La maladie mentale, elle, s'abat sur vous comme un pied sur une araignée. Sans crier gare et justement lorsque l'on s'y attend le moins. On s'est bâti un petit nid bien douillet. On a préparé une chambre pour lui. On l'a regardé arrondir le ventre qui le portait. On a écouté son coeur battre à travers la paroi. On a tricoté des bonnets pour cet enfant, des chaussettes, des mitaines et des jaquettes. Le prénom qu'on lui destine est de nature à lui porter chance, croit-on. On veut qu'il ait les yeux de son père et le sourire de sa mère. On a toutes sortes de choses à lui apprendre à cet enfant, tout un bagage de rêves et d'expériences à lui transmettre. On philosophe déjà sur l'existence en attendant que ce bébé vienne au monde. On a l'impression de comprendre le plan divin; on se regarde, tout émerveillé, porteur de vie…

Si l'enfant est de type mongol, la vérité ne peut pas tarder à éclater. Qu'on l'apprenne en douceur ou sans ménagement, cela ne change rien au choc. Tout s'écroule invariablement.

Alors, comme par une machination diabolique, tous nos espoirs et tous nos rêves se retournent contre nous. On s'apprêtait à s'impliquer plus profondément dans la vie, à accéder à la lumière, lorsque tout devient lugubre, déprimant, presque horrible. On vit un affreux cauchemar. Bientôt, cela s'attaque à la conscience. Les forces du Bien et du Mal sortent de l'ombre pour nous troubler. Tout à l'heure, on se croyait si près du but. On avait l'impression de comprendre tant de choses. Et puis ceci, et tout est transformé. On cherche à y voir clair; on tente d'analyser ce sentiment de culpabilité et de honte qui s'infiltre sournoisement en nous, malgré notre conscience. Tout bascule.

Rares sont ceux qui passent à travers cette période sans souffrir ce dérèglement de la conscience. Si la science - le médecin en l'occurrence - explique de façon relativement simple l'infirmité de l'enfant, on est généralement porté à chercher dans le surnaturel la cause d'un si brusque renversement de la situation, "notre" situation. On ne parvient pas à partager équitablement les émotions qui nous envahissent. Mettre les choux avec les choux, et les carottes avec les carottes. Comme on est blessé au plus profond de nos rêves, on cherche une origine profonde à notre douleur. Mais cette origine-là n'a rien de profond: elle est technique. Un spermatozoïde sur un million. Toute la difficulté consistant à séparer les faits irréfutables - bien que ne dépendant pas moralement de nous - de leurs répercussions sur notre état d'âme personnel, on sombre littéralement dans une forme de superstition.

L'homme est ainsi fait que le partage raisonnable des faits et des émotions ne s'opère pas facilement dans son âme et dans son cerveau. Nous avons derrière nous des siècles de superstition à effacer. Elle n'est pas si loin, l'époque où l'on associait la déficience mentale avec le diable. Au 16ᵉ siècle, en France, la croyance générale voulait que l'enfant déficient soit possédé du démon. On le tuait alors pour la sécurité de tous. Quant à sa mère, elle était brûlée comme sorcière. La superstition, disait le philosophe Alain, consiste toujours à expliquer des effets véritables par des causes surnaturelles. Le véritable drame a lieu à cet endroit où quelque chose empêche les parents d'accepter le destin. Cela commence par blesser leur âme en retournant leurs espoirs contre eux. Puis cela prend des proportions considérables qui transforment une situation difficile à accepter en chose inacceptable. Si les parents éprouvent de la difficulté à accepter leur enfant déficient, la société se charge d'en faire une impossibilité. Ceci dit, une bonne part des enfants placés en institution ferait tout aussi bien de rester tranquillement à la maison. N'importe qui peut très bien prendre soin d'eux. Et plus particulièrement leurs parents. Mais affaiblis par leur problème moral, ceux-ci n'ont plus la force ni le courage d'entreprendre une telle tâche. Tôt ou tard, ils se résignent à placer leur enfant en institution. Tout les pousse à le faire. Le problème demeure dans leur tête un problème de conscience. On aura beau leur répéter que leur enfant sera mieux en institution où il recevra les soins appropriés, au fond d'eux-mêmes les parents savent bien que c'est faux. Pourtant, ils placeront quand même leur enfant parce qu'ils ne pourront tout simplement pas vivre avec le problème moral que celui-ci suscite en eux.

Les blessures de l'âme mettent du temps à se cicatriser. Bien plus que la déficience de l'enfant, ce sont les rêves détruits qui rendent la situation intenable aux parents. On va pourtant découvrir que pour certains enfants déficients, une vie familiale saine semble nettement plus favorable que la meilleure des institutions. Là où la déficience de l'enfant n'engendre plus un problème émotif, les êtres parviennent aisément à traiter le patient comme ce qu'il est depuis toujours: un être humain retardé, au cerveau atrophié. Si on ne s'encombre pas l'esprit de considérations morales ou affectives, il faut bien se rendre à l'évidence: la vie avec un déficient n'est pas beaucoup plus compliquée que l'existence avec un chien, un chat ou un oiseau. Il suffit d'accepter que le chien ne parlera jamais pour se satisfaire des mille petites choses qu'il se montre capable d'exécuter et pour avoir envie de vivre et d'être heureux avec lui. Personne ne rêve du jour où son chien deviendra humain. Personne ne songe à s'affliger du fait qu'il persiste à marcher à quatre pattes toute sa vie. Personne, il est vrai, n'a fondé sur son chien les espoirs que l'on fonde sur un enfant. C'est pourquoi le problème s'appelle déception.

Mais peut-être ma comparaison a-t-elle choqué le lecteur. Peut-être celui-ci s'offusque-t-il de m'entendre parler d'un animal comme s'il s'agissait d'un être humain, et surtout vice-versa? Je voudrais simplement faire ressortir le fait qu'un enfant déficient a des limites différentes d'un enfant dit normal, et démontrer qu'il est quand même capable d'évoluer "normalement" dans sa sphère, c'est-à-dire à l'intérieur de ses propres limites. Je suis d'ailleurs persuadé que, lorsqu'il est accepté comme tel, un enfant déficient peut apporter à ses éducateurs (ou parents) d'aussi grandes joies que n'importe quel enfant normal, accepté lui aussi comme tel, la récompense n'étant directement proportionnelle qu'à notre investissement.

À Rivière-des-Prairies, Jules fut toujours un cas problème. Ses parents l'y placèrent quand ils se crurent incapables de poursuivre la relation. Leur fils serait plus heureux là-bas, se répétaient-ils. Il leur aura fallu quatre ans et sept mois pour s'en convaincre. Durant les douze années qui suivirent, Jules fut évalué à quatre reprises. Chacune de ces évaluations accentuait l'évidence à laquelle il fallut bien se rendre: on perdait son temps avec lui. Non seulement le rythme de ses acquisitions n'était-il nullement satisfaisant, mais son comportement devenait de plus en plus inacceptable. On avait pourtant tout tenté.

Il fut d'abord mis en classe d'observation. De là on l'expédia aux ateliers où il créa la discorde. Il fut alors orienté vers le

Département de pédagogie où, durant six longues années, il fit l'objet de tentatives diverses.

On lui proposa les sorties hebdomadaires, les classes vertes, les fins de semaine au Carnaval de Québec (la normalisation), les fins de semaines au chalet d'une famille normale, les camps d'été, les camps d'hiver... En 1970, on le fit passer du premier cycle (section semi-éducable) au deuxième. Ce fut également un échec. Quinze jours plus tard, il était de retour à son point de départ. Au chapitre des observations, le dossier de Jules était particulièrement éloquent. Un premier spécialiste affirmait qu'il était "latéralisé à droite". L'année suivante, un confrère observait qu'il était simplement "mal latéralisé". Dans le jargon professionnel, latéralisé signifie que le patient possède une meilleure coordination de ses mouvements du côté gauche ou du côté droit, selon le cas. D'autres spécialistes observaient que Jules ne connaissait pas ses couleurs et ne reconnaissait pas non plus les formes. Qu'il était trop indépendant, instable, et manquait d'ordre. Qu'il affichait un comportement négatif dans le but d'attirer l'attention. Mais qu'il avait par contre un excellent comportement lors des sorties. Il était également trop passif, incapable d'attacher ses souliers et de répondre correctement quand on lui demandait d'identifier les différentes parties de son corps. Ici encore, pourtant, la chose faisait l'objet d'un conflit entre les spécialistes puisque deux ans auparavant, quelqu'un d'autre avait observé le contraire. Bref il persistait à ne convenir à aucune spécialité et à aucun département et c'est pourquoi, en désespoir de cause, on accepta de l'envoyer à Terre des Jeunes.

Au cours de ses douze années d'institution, Jules avait consulté à une ou plusieurs reprises dix médecins différents sans compter le dentiste. Il avait fréquenté les salles d'activités, de connaissance, d'apprentissage et d'expression sans résultat apparent. Mais cela lui avait valu de faire la connaissance d'une psycho-motricienne, d'un éducateur physique, d'un pédagogue, d'un psychologue, d'une bachelière en psychologie, d'un professeur, d'un licencié en psychologie, et j'en saute, sans oublier les éducateurs et moniteurs de jour, de soir et de nuit des différentes unités où il avait fait des séjours plus ou moins prolongés.

Au Département d'éducation physique, les psycho-socio-motriciens avaient tout mis en oeuvre pour lui apprendre à coordonner ses mouvements. Mais Jules demeurait incapable d'acquisitions satisfaisantes. Evalué à vingt et un lors de son arrivée à l'hôpital en 1960, le quotient intellectuel de Jules atteignait vingt-deux lorsqu'il partit douze ans plus tard. Inutile de préciser que personne n'espérait un miracle. C'est le psychiatre Marc Laflamme aujourd'hui décédé, qui inscrivit au dossier de Jules la proposition à l'effet qu'on l'envoie en milieu agricole. On ne saura jamais exactement ce qu'il avait derrière la tête à ce moment. On peut toutefois imaginer que, n'obtenant pas de résultat concret à l'intérieur de l'institution, le psychiatre avait peut-être anticipé que la vie à la campagne ne pourrait pas lui faire de mal. Il avait sans doute entendu parler de Terre des Jeunes récemment et s'était probablement dit: "pourquoi pas?". Aucun indice ne nous permet de croire qu'à ce moment, le docteur Laflamme anticipait ce qui allait arriver. Comment l'aurait-il pu? Même les principaux intéressés ne se doutaient de rien. Jules arriva donc sur la ferme à la fin de janvier. Auparavant, Justin avait appris que Saint-Jérôme allait bientôt retirer ses pensionnaires. Il avait alors contacté la direction de Rivière-des-Prairies à nouveau pour proposer de prendre en pension quelques cas difficiles.

Jules ne tenta rien du tout pendant les six premiers mois. En fait, il se tenait tellement tranquille qu'on le remarquait difficilement. Sauf à table, évidemment. À table, Jules avait un comportement tellement particulier que personne n'aurait pu ne pas le remarquer.

Disons qu'il ne mangeait pas tout à fait convenablement: il s'assoyait en indien sur sa chaise et comme il n'était déjà pas tellement grand, le nez lui trempait littéralement dans la soupe. Il mangeait mal, renversait la moitié des aliments sur la nappe et sur ses vêtements, ne fermait pas la bouche lorsqu'il mastiquait, de sorte que ses voisins apprirent à éviter de le regarder s'ils voulaient continuer à manger de bon appétit.

En dehors des repas, Jules faisait pourtant preuve de beaucoup de discrétion. Il passait de longues heures dehors, seul, à flâner ici et là. Personne ne savait exactement ce qu'il faisait, mais comme il n'essayait ni de fuir ni d'endommager quoi que ce soit, on se fit à ses allées et venues de telle manière qu'il y gagna l'indépendance. C'était déjà une acquisition d'importance. Il y avait bien douze ans pour le moins que Jules n'avait été aussi libre. Cette liberté, il la méritait. Comme une carapace, son comportement innocent la lui assurait. Depuis toujours, Jules avait été considéré comme un enfant indépendant. Trop indépendant, disaient les spécialistes. Ils voyaient juste puisque cette indépendance était son refuge. La clé de ses bénéfices secondaires. C'est ainsi qu'on appelle les petites compensations que les patients trouvent à leur vie en institution. Ils s'agrippent à tout ce qui peut leur permettre d'échapper, ne fut-ce qu'un court moment, à la routine organisée. À l'hôpital, l'indépendance de Jules justifiait les moments de liberté qu'il parvenait à se payer. Une fois à Terre des Jeunes, bien qu'il n'eut plus à subir de routine, Jules s'enfonça encore plus profondément dans cette indépendance qui lui offrait le loisir de se bâtir un monde à sa mesure. Il en profita pleinement. Il avait douze années de retard à rattraper dans ce domaine. Il avait très certainement compris depuis longtemps qu'en agissant ainsi, il se libérait des contraintes que le monde ambiant est susceptible d'imposer à un individu de son espèce.

Jules n'avait alors pas d'autre but que la liberté. Il préférait l'extérieur car dehors, son sentiment de liberté devenait plus intense. Il avait sans doute beaucoup souffert de son internement. On souffrirait à moins. Pour meubler cette liberté, l'esprit simple de Jules n'avait besoin d'aucune activité particulière. Il se contentait simplement d'aller où ses pas le menaient, jamais très loin car il savait instinctivement que s'éloigner eut tout compromis. Il sortait souvent. Cela l'apaisait.

Quand il n'était pas là à l'heure des repas, on n'avait qu'à crier son nom pour qu'il arrive de son pas régulier et lent, surgissant de nulle part, et rien dans sa mimique ne trahissait son jeu. Il ne regardait pas les gens dans les yeux. Il arrivait en grognant, comme un vieil homme grincheux, et venait prendre place à table. L'après-midi, vers quinze heures, il rentrait dans le chalet. C'était l'heure de sa sieste. Il allait s'étendre sur son lit et reposait ainsi de quinze à vingt minutes avant de retourner dehors. Si cette sieste était un vestige de la routine institutionnelle, Jules avait l'air d'y tenir. Quatre ans plus tard, il persiste à la faire tous les après-midis.

Tantôt enfant, tantôt fantôme, Jules allait et venait et personne autour de lui ne savait quoi que ce soit de sa vie intérieure. Sans manifester la moindre agressivité, il ne tentait aucun rapprochement, aucun contact avec autrui.

Si chacun n'avait été convaincu qu'il n'était qu'un parfait imbécile, un tel comportement aurait certainement paru suspect. Mais la vie personnelle de Jules était enfouie si profondément que lui-même n'en soupçonnait pas l'existence. Elle avait tellement bien appris à se confondre avec le décor, à composer avec l'environnement; comment un être aussi simple que Jules aurait-il pu imaginer tant de raffinement? S'il jouait si bien la comédie, c'est que lui-même ne se doutait de rien. L'intelligence de Jules ne lui permettait pas de grandes prises de conscience. Aussi ne s'arrêtait-il pas à faire la différence entre la vie réelle - celle qui le disgraciait - et sa vie intérieure où rien ne s'opposait à son épanouissement.

Pourtant, c'était présent à chaque instant, comme un filtre qui se glissait devant ses yeux pour transformer la réalité et lui donner du charme. La personnalité de Jules, magique!

Personne ne se doutait de rien. Lui-même n'y voyait que du feu. Cela surgissait tout à coup devant lui, tout se passait tellement rapidement. Et puis après, s'il sentait confusément ce qui venait de se passer, il n'y avait aucune raison d'en tenir rigueur.

Bien sûr, il savait tout, au fond. Mais c'était justement tellement profond qu'il savait sans en prendre conscience. Mais il savait! Sans quoi, il l'aurait fait devant tout le monde et n'aurait pas ressenti le besoin de s'isoler pour que ça lui arrive.

Plus tard, quand il se sentit un peu plus en confiance, et quand, parmi d'autres enfants de l'hôpital, son camarade Richard fut venu le rejoindre, il fit quelques démonstrations. Cela se passait le soir. De toute évidence, Richard partageait le secret.

Quand ils faisaient leur numéro, les deux compères s'assuraient d'abord la disponibilité du public. Alors ils commençaient à s'agacer comme si de rien n'était. Cela venait tout doucement et un observateur non-averti aurait pu croire qu'ils allaient se battre pour vrai. Tout l'art qu'ils y mettaient! Très certainement, ils se métamorphosaient. Supposons que Jules porte le premier coup. Richard était assis tranquillement quand l'autre s'approchait et, avec un air de défi nonchalant, lui assénait un coup de poing sur l'épaule. Richard ne réagissait pas immédiatement et Jules recommençait. Ce faisant, il émettait un grognement qui se voulait provocant.

Il lui fallait parfois frapper tellement longtemps que le public retenait son souffle. Et tout à coup, Richard passait à l'action. Vif comme l'éclair, il saisissait au vol le bras qui allait le frapper, se levait et, avec une maîtrise parfaite, pivotait et faisait culbuter Jules par-dessus son épaule.

Alors le combat commençait. Ils se tournaient autour, tels des lutteurs dans une arène, jambes fléchies, thorax tendu vers l'avant, et ne se quittant pas des yeux. Puis l'affrontement, le corps à corps. C'était un jeu, évidemment, mais ils l'exécutaient avec tellement d'âme et tellement de brio qu'on aurait cru assister à quelque rituel sacré, quelque ballet magique. Ils se faisaient des prises savantes et parfaitement réussies. Un ciseau de corps, une savate brillamment exécutée. La prise de l'ours accompagnée d'un grognement sonore qui ajoutait au réalisme. À ce moment, il n'y avait plus ni mongols, ni déficients. On n'était plus dans cette réalité-là. Le quotient intellectuel ou social ne voulait plus rien dire et les deux combattants, transfigurés, nous ouvraient les portes d'un monde où la véritable identité ne s'encombre pas de masque.

Ils gagnaient tous les deux. Ils avaient tous les deux le même air victorieux au visage et le même éclat dans les yeux. Leur combat terminé, ils se pavanaient devant l'assemblée avec un air de dire: "Vous voyez qui nous sommes?"

La vie intérieure de Jules était ainsi meublée de défis et de combats merveilleux. Seul dans les champs, il lui arrivait d'affronter des hordes entières. Pourtant, quand il eut découvert Loulou, une nouvelle facette de sa personnalité s'épanouit.

Loulou ne parlait pas. Quant à Jules, les quelques mots qu'il consentait à prononcer n'avaient pas le courage d'aller jusqu'à sa bouche. Il parlait de la gorge et cela avait pour résultat des grognements quasi incompréhensibles. Une excessive timidité empêchait Jules d'articuler convenablement. Mais prononcés dans la gorge, les mots devenaient rauques et cela leur donnait un style bestial que Jules prenait pour le summum de la virilité. Qui aurait pu imaginer qu'un être aussi viril avait peur de parler? Tel semblait être le raisonnement qu'il se tenait. Quand il jouait avec Loulou, personne ne venait attaquer Jules. Lui qui en temps normal ne pouvait pas faire cent pas sans avoir à se battre, pouvait passer des heures avec Loulou à promener sur la glace une poupée dans un traîneau. C'était sans doute le repos du guerrier. Le sanctuaire où il venait puiser dans la tendresse et la douceur, la force nécessaire pour poursuivre sa route. Mais Loulou avait été placée par les Services sociaux de Saint-Jérôme. Au mois de mars, elle s'en retourna comme elle était venue, sans un mot, sa poupée de guenille emmitouflée dans une vieille couverture. Si Jules souffrit de ce départ, il n'en laissa jamais rien paraître. Il retourna à ses promenades solitaires et mit dans ses combats un peu plus de vigueur. Les traîtres, ils n'auraient pas sa peau.

La première rencontre de Pierre Bournival avec Jules eut lieu dans des circonstances dramatiques. Pierre entra dans la maison et les chiens le suivirent. Jules fut terrifié. Il grimpa sur le comptoir et se mit à pleurer.

Pendant longtemps, il entretint cette peur presque panique des chiens. Il craignait également à peu près tous les animaux de la ferme. Pierre eut beau lui parler, ce jour-là, tenter de le calmer, rien n'y faisait. Jules ne connaissait pas les animaux, mais ils avaient sur son imagination une influence qui se traduisait par la peur. Sans doute les identifiait-il à quelque monstrueuse et sauvage puissance qu'il ne se sentait pas de taille à affronter. Il lui fallut du temps pour faire la part des choses.

En présence d'un chien, Jules était envahi d'une telle frousse qu'il perdait tout contrôle. Il se mettait à crier et à gesticuler, ce qui avait généralement pour effet de terroriser l'animal qui se mettait alors à aboyer nerveusement. Cela avait toutes les apparences d'un cercle vicieux, et pourtant, le problème fut surmonté. Sans doute les chiens se sont-ils habitués, à la longue, aux hurlements de Jules et ont-ils cessé d'aboyer. Chose certaine, aujourd'hui Jules a avec sa chienne une relation des plus satisfaisante. Non seulement parvient-il à se faire comprendre et obéir, mais surtout la chienne semble préférer sa présence à celle de n'importe qui d'autre. Elle l'accompagne dans toutes ses promenades, participe à ses jeux et fonce furieusement sur les chats lorsqu'il le lui ordonne. Mirabelle a pourtant grandi avec des chats, et elle ne leur ferait certainement aucun mal.

Le printemps s'écoula, puis l'été. Quand les premiers campeurs arrivèrent, on eut besoin du chalet pour les moniteurs et il fut décidé que Jules et les autres pensionnaires allaient être intégrés au camp d'été. Ce fut une grossière erreur.

Ils étaient six. Jules qui était arrivé le premier, puis les autres, venus se joindre à lui en février. Ceux-là, quatre garçons et une fille, étaient déjà venus à Terre des Jeunes dans le cadre du camp d'été 1972. Ils ne faisaient pas de progrès à l'hôpital eux non plus, et comme ils s'étaient bien comportés à la ferme, la direction avait décidé de les y retourner. À part Richard dont j'ai déjà parlé, ils se nommaient Marcel, Jean, Louis et Nicole. C'étaient des déficients mentaux profonds considérés comme plafonnés à l'intérieur de l'institution. À Terre des Jeunes, ils affichaient un comportement plus ou moins acceptable, mais quand on voulut leur faire partager les activités des campeurs, ils prirent la chose comme une perte de privilège et adoptèrent une attitude menaçante. Marcel commença à faire des colères à propos de tout et de rien. Il se fâchait tout noir et on devait se mettre à quatre pour le contrôler. Il voulait battre tout le monde et ses crises terrorisaient les autres enfants. Il fut le premier à partir. Ce fut alors au tour de Richard de faire preuve d'agressivité. Comme il était costaud lui aussi, ses colères prenaient des proportions effarantes. Ce fut comme une épidémie. Chacun leur tour, les enfants se désorganisèrent. Ils refusaient d'être séparés, refusaient de s'intégrer, refusaient de participer et revendiquaient leurs droits avec tellement d'éclat qu'en désespoir de cause on les retourna tous à Rivière-des-Prairies.

Seul Jules fut épargné. Il faut dire que lui seul n'avait pas manifesté violemment son mécontentement. Il s'était contenté de fuguer continuellement, soit pour aller se promener comme il en avait l'habitude, soit pour aller retrouver son nouvel ami, monsieur Daviau.

Celui-ci habitait la ferme voisine. Depuis 1971, sa famille participait à l'action de Terre des Jeunes en tant que collaborateurs occasionnels ou saisonniers. Son épouse faisait la cuisine durant les cabanes à sucre. Sa fille Jeanine la remplaçait durant l'été. Elle avait travaillé tout l'hiver et tout le printemps comme monitrice auprès des enfants du foyer. Quant à monsieur Daviau, il mettait son expérience à contribution au niveau des travaux de la ferme. C'est ainsi qu'il avait fait la connaissance de Jules.

De par ses fonctions, monsieur Daviau était appelé à se servir fréquemment du tracteur. Un jour, il avait offert à Jules de monter à côté de lui. Le lendemain, il lui laissa tenir le volant.

Ce fut le coup de foudre. Non seulement l'homme au tracteur répondait-il à tous les critères de virilité de Jules mais il s'avérait également un complice consentant. Il n'en fallait pas davantage pour que Jules lui voue une admiration sans borne.

Monsieur Daviau est un homme attachant. Simple et plein de bonne volonté, il a toujours le sourire aux lèvres. Il aime la vie et cela se sent à distance. Les animaux se sentent en confiance avec lui. Les enfants font de même. Monsieur Daviau a de la difficulté avec une de ses jambes. Peut-être cela le classe-t-il dans une catégorie privilégiée aux yeux des enfants. Peut-être son mode d'expression, tout en douceur et tout en délicatesse, lui ouvre-t-il des portes que la force et l'autorité ne sauraient enfoncer.

Bien que de plus en plus fréquentes, les fugues de Jules n'alarmaient personne. On avait vite compris qu'il ne s'intègrerait pas aux activités du camp, et d'autre part on était convaincu qu'il ne faisait rien de mal. Or, comme la discipline n'est la religion de personne, à Terre des Jeunes Jules bénéficia tout l'été de la clémence générale. On fermait les yeux sur ses écarts de conduite, bien heureux dans le fond que ses manifestations ne prennent pas des proportions aussi désastreuses que celles de ses compagnons.

Chose certaine, Jules n'aima pas le camp d'été et n'y retourna plus jamais. Confronté à une situation qui lui déplaisait profondément, il sut trouver le moyen d'exprimer son mécontentement sans entrer en conflit avec le monde entier. Sa détermination fut sobre, mais elle fut efficace. Elle lui donna d'abord accès à sa chère liberté, mais surtout elle lui valut de demeurer à Terre des Jeunes où il allait bientôt accéder à une qualité de vie qui devait transformer la sienne.

Jean-Paul, Josée et les autres partirent à la fin d'août. Une fois de plus, les activités d'été terminées, il n'y avait plus d'emploi ni d'argent. Après le départ de Marcel, Nicole, Jean, Richard et Louis, le foyer de groupe avait disparu.

Seuls demeurèrent dans la maison de ferme Pierre Bournival et France Laplante pour prendre soin des animaux et veiller sur la ferme durant l'hiver. Jules emménagea avec eux.

Ce fut un bel hiver. Un hiver calme, heureux, plein de tendresse et de respect. Jamais Jules ne s'était senti aussi bien de toute sa vie.

Il y laissa pourtant un peu de sa belle liberté et de sa fière indépendance. Mais cela valait le prix. Pierre prit d'abord l'habitude d'aller le réveiller dès son lever, pour l'amener faire le train avec lui. Bien sûr, au début, Jules ne fut pas d'une grande utilité, mais il était présent et se familiarisait avec le va-et-vient, les animaux, et Pierre trouvait toujours quelque tâche facile à lui confier.

— Irais-tu me chercher la chaudière, s'il te plait ?
— …?
— La chaudière, répétait Pierre en la lui indiquant du doigt.
— …? redemandait Jules en montrant la chaudière.
— Oui, la chaudière. Amène-la moi…

Quand Jules avait enfin compris ce que l'on attendait de lui, il partait de son pas lent et exécutait.

— Merci mon gars, disait Pierre.

Lui apprendre à manger convenablement fut une tâche de longue haleine. Mais Pierre et France tenaient leur bout. Chaque repas, c'était la même chanson. On lui montra d'abord à s'asseoir comme tout le monde et à tenir ses ustensiles convenablement. Puis à manger proprement. Après une chose, c'en était tout de suite une autre. Parfois, Jules s'impatientait. Alors il fallait lui parler doucement, lui expliquer le point de vue; lui remonter le moral.

Cela n'avait rien d'un traitement. Rien de scientifique. C'était une relation humaine, tout simplement. Basée sur le hasard. Personne n'entretenait d'ambition thérapeutique face à Jules. Pierre et France vivaient avec lui parce que les choses s'étaient présentées ainsi. Il n'y avait eu aucune raison pour qu'on le retourne à l'hôpital, alors Jules était demeuré sur la ferme. Rien ne s'y opposait. S'il avait été leur enfant, Pierre et France n'auraient pas agi autrement. Qu'il soit normal ou non ne changeait rien à l'affaire. Ni Pierre ni sa compagne n'avaient les qualifications requises pour faire de la psychologie technique. Leur expérience de la déficience mentale n'était pas particulièrement grande. Aussi n'orientèrent-ils pas leur approche de façon professionnelle. Ils réagirent plutôt à Jules de façon naturelle, mettant l'accent sur ce qui leur paraissait important.

Pour eux, il était important que Jules cesse de s'alimenter de façon répugnante. Puisqu'il devait partager leur existence, il fallait qu'il apprenne à tenir compte de leurs exigences. Un jeune couple qui vient d'avoir un enfant se trouve dans la même situation. Et tous les gens normaux réagissent de la même façon que Pierre et France. Doucement, ils apprennent à l'enfant les premiers rudiments de la vie en société. Ils lui enseignent d'abord la propreté, puis les bonnes manières. S'ils sont sophistiqués, ils exigeront davantage de perfection. Un enfant normal peut le prendre. Mais avec un enfant déficient, mieux vaut ne pas attacher trop d'importance aux détails. Pierre et France ne s'embarrassaient heureusement pas de considérations trop raffinées.

Jules y mit plus de temps qu'un enfant normalement constitué, mais il apprit à faire ce que l'on attendait de lui. À table, il mangeait de plus en plus proprement. À l'étable, il se rendait utile. Pierre lui apprit à distinguer le foin de la paille. Jules montait au grenier le matin et prenait grand plaisir à jeter par la trappe les ballots de paille ou de foin que Pierre l'envoyait chercher.

Ainsi, il prit conscience des nombres.
— Jules, monte en haut et envoie-moi trois bottes de paille, s'il te plaît.
Jules laissait tomber la première et attendait.

— Bon, en v'là une. Il en manque encore deux. Deux, Jules.

Le même manège répété quotidiennement ne pouvait que porter des fruits. Jules apprit. De la même manière, il distinguait bientôt les sept sortes de moulée pour les animaux et la quantité à donner à chacun.

Un jour, Pierre lui mit une pelle entre les mains et lui demanda de l'aider à ramasser le fumier. Et cet enfant qui n'avait pas pu, en douze ans de psycho-socio-motricité, apprendre à coordonner ses mouvements se mit à remplir des brouettes de fumier.

Pour Pierre et France, cela n'avait pas de véritable signification. Ils ne réalisaient nullement la portée de ces acquisitions. Ils n'avaient pas l'esprit scientifique. Pour eux, les acquisitions de Jules étaient bien naturelles. Ils ne réalisaient pas qu'à cinquante cinq kilomètres de là, quelques centaines de spécialistes faisaient quotidiennement de véritables acrobaties psycho-techniques pour n'obtenir, avec des déficients comme Jules, que le dixième de ces résultats.

À vivre quotidiennement avec lui, ils ne percevaient pas non plus le changement qui s'opérait dans son comportement. Jules s'était épanoui. Il devenait gai, ratoureur, enjoué. Il cherchait moins qu'avant à s'isoler, car la réalité lui permettait enfin de s'affirmer un peu. Bien sûr, il faisait encore de longues promenades au cours desquelles il avait à faire face à quelques centaines d'assaillants imaginaires, mais il y avait désormais autre chose dans sa vie, qui lui donnait accès à la réalité.

Il pouvait par exemple exprimer une opinion et obtenir une réponse. On tenait compte de lui. Il percevait tous ces changements sans avoir à philosopher.

Pierre et France lui trouvèrent des vêtements semblables aux leurs. Et Jules eut bien assez d'intelligence pour apprécier la différence. Sa première paire de vrais jeans le remplit véritablement d'orgueil. Il grognait de satisfaction en s'admirant dans le miroir.

Jules avait toujours été bien bâti. Mais il n'avait jamais eu de muscle. Il était mou et peureux comme tous les déficients ayant vécu en institution. À force de travailler avec Pierre, à force de pelleter du fumier humide et lourd tous les matins et tous les soirs, ses muscles se gonflèrent et durcirent. Il prit plaisir à se chamailler avec Pierre comme il le faisait auparavant avec son camarade Richard. Un jour, il battit France au poignet. Alors il se sentit vraiment homme. Il regarda la lutte à la télévision avec un intérêt accru, si la chose est possible. Il pratiqua ses prises et ses effets devant le miroir. Il mit au point tout un numéro de culturiste. Pierre lui acheta une espèce de camisole avec une grosse moto imprimée sur le devant. Jules entreprit alors de donner son spectacle en vêtements de corps, et la camisole lui donnait véritablement l'aspect d'un lutteur. Quand il venait des visiteurs, il ne manquait jamais de descendre se pavaner devant eux, en caleçons et en camisole, le thorax bombé, les épaules bien en arrière. Il grognait pour attirer l'attention (ça n'était pas souvent nécessaire) et, tel un véritable professionnel, faisait jaillir ses biceps.

Subtilement, au jour le jour, quelque chose s'installait en lui qui le faisait participer vraiment à la vie. Il accédait à un bien-être qu'il n'aurait jamais pu soupçonner. Il devenait quelqu'un et cela le stimulait considérablement. Il se désinstitutionnalisait.

Nicole Lebeau, sa travailleuse sociale, remarquait de nouveaux changements à chacune de ses visites. Jules devenait autonome, voilà ce qui la frappait particulièrement. À l'hôpital, les enfants ne semblaient pas capables de détermination comme il en faisait preuve. Il avait accédé à son cerveau, et cela le distinguait des autres. Il avait accédé à son cerveau.

Il était désormais en mesure de distinguer consciemment ce qu'il voulait de ce qu'il ne voulait pas. Ses réactions le démontraient clairement. Il ne réagissait pas bêtement aux ordres comme les autres patients. Il était capable de prendre ses propres décisions. Il était devenu quelqu'un. Il avait accédé à sa personnalité.

Il n'appartenait plus à cette catégorie d'enfants abrutis, impuissants et craintifs qui hantent les corridors de nos institutions... comme des morts ambulants. Le contact s'était fait. La communication devenait possible. Il y avait désormais quelqu'un dans la peau de Jules pour réagir aux situations.

Le statut de déficient mental est particulièrement abrutissant. Il sous-entend une dépendance tellement complète que rien ne laisse à cet être la possibilité de devenir humain. Pris à charge à tous les niveaux, il n'a pas l'occasion d'exercer le moindre contrôle sur son existence. Comme il semble ne pas avoir d'intelligence, des gens sont formés pour penser à sa place. On décide de tout sans lui demander son avis. Les aliments qu'il mangera et la quantité à laquelle il a droit. L'heure et le choix de ses activités. Les vêtements qu'il doit porter. Le nombre d'heures de sommeil qu'il lui faut. Etc. S'il existe quelque part en lui quelque désir, quelque tendance, celle-ci n'a nullement l'occasion d'aller chercher sa satisfaction. Comme il n'est pas sensé avoir d'intelligence, il n'est pas supposé avoir accès à la réalité. Rappelez-vous: "Je pense donc je suis".

Si le héros de Shakespeare avait formulé son idée autrement, peut-être aurions-nous pu arranger quelque chose pour cette bande d'abrutis. S'il avait dit: "J'aspire, donc je respire", ou encore "Mon besoin est mon droit", ou même "Je rêve donc je produis"; s'il n'avait pas imposé cette notion d'intelligence obligatoire, peut-être aurions-nous pu songer à concéder. Mais il a dit "Je pense..." et cela sous-entend que ceux qui ne sont pas capables de penser sont également incapables d'être.

Heureux Jules d'être tombé sur des gens peu regardants! Il y gagna le droit d'exister. Car bien plus que la patience dont firent preuve Pierre et France, bien plus que les cent et une petites choses qu'ils lui apprirent, c'est l'essence même de leur comportement à son égard qui opéra le miracle. En traitant Jules comme un de leurs semblables, ils lui rendaient sa vie.

À son arrivée sur la ferme, Jules n'avait pas l'habitude d'être quelqu'un dans la société. Alors il s'isolait et allait vivre dans un autre monde. Quand il comprit qu'il pouvait désormais agir au même titre que n'importe qui, il entreprit maladroitement d'abord, de concilier les deux mondes. Il fit en sorte de devenir réellement l'impressionnant gaillard de ses combats imaginaires. Quand on nourrit une telle ambition, il faut y consacrer beaucoup de temps et d'énergie. C'est sans doute pourquoi Jules trouve difficilement le temps de s'occuper des mille petites choses auxquelles nous attachons tellement d'importance: nos ambitions diffèrent. Ainsi ne trouve-t-il aucun intérêt à l'entretien ménager par exemple. Ces tâches ne représentent rien à ses yeux car elles ne contribuent en rien à l'accomplissement de son personnage. Mais il accepte d'y participer lorsqu'on le lui demande. La loyauté envers les compagnons doit faire partie de ses critères.

Les mois passèrent et Jules continua de progresser. Il apprit à mettre la table et à préparer le café. Un jour, il prépara à déjeuner pour tout le monde. Et les oeufs n'étaient pas brûlés. Une autre fois, Nicole Lebeau le surprit en train de faire son lavage. Un beau matin, il monta seul sur Pénélope, le vieux cheval gris. Le jour où, ayant fait démarrer le tracteur sans l'aide de personne, il enfonça la porte de la grange, il comprit que certains domaines ne lui appartenaient pas encore. Personne n'eut à le gronder: il avait tout compris.

Quand Justin venait, les fins de semaine, Pierre et France lui parlaient des progrès de Jules. C'était une petite chose, puis la semaine suivante, une autre petite chose que Jules avait appris à faire de sorte qu'au printemps, Justin découvrit brusquement que Jules avait beaucoup changé. À lui qui travaillait tous les jours dans le milieu scientifique, l'aspect thérapeutique apparut alors dans toute sa signification. Il comprit que sans s'en rendre compte, Pierre et France avaient accompli en six mois ce qu'une armée de techniciens n'avait pas pu amorcer en douze ans. S'il avait une petite idée de ce qui avait dû se produire, Justin devait quand même avouer qu'il était pris de court. Que s'était-il passé exactement? À cela, ni Pierre ni France ne trouvaient de réponse. Cela s'était passé si naturellement...

Avec le concours de Noël Pagé, de Rivière-des-Prairies, on réalisa un film vidéo sur "Les Acquisitions de Jules". Si la chose s'était passée un peu à l'insu de tout le monde, il fallait bien se rendre à l'évidence: en milieu favorable, Jules avait développé des capacités que personne ne lui soupçonnait. Mystère et boule de gomme.

Le film est présenté à l'hôpital. Les spécialistes s'étonnent. Justin donne des conférences. Le sujet est lancé. La discussion commence. Certains crient au miracle, d'autres refusent d'admettre quoi que ce soit. Le cas de Jules devient un sujet à la mode.

II

Il convient de souligner la largesse d'esprit dont fit preuve la direction de l'hôpital à cette occasion pour le moins délicate. De toute évidence, la réussite de la méthode employée avec Jules faisait bien davantage le procès de l'institution que l'éloge de Pierre et de France qui, somme toute, n'avaient qu'agi normalement.

Devant un tel état de faits, certains se seraient hérissés. Mais la direction n'en fit rien. C'est elle qui fournit à Justin les moyens de produire le vidéo. Elle encore qui en permit la présentation au cours de réunions scientifiques.

Le film fut présenté conjointement par Justin et ceux qui, de l'hôpital, avaient parrainé l'expérience. Marc Laflamme, le psychiatre responsable du secteur; Léo Lévesque, le coordonnateur; Nicole Lebeau, la travailleuse sociale. Ensemble, ils tentèrent de répondre aux questions que formulait l'assistance.

Ils durent bientôt se rendre compte qu'ils savaient fort peu de choses. Et plus particulièrement, qu'ils étaient incapables d'expliquer comment Jules avait tant acquis sur la ferme en si peu de temps. D'autre part, les spécialistes qui assistaient à ces réunions scientifiques éprouvaient quelque réticence à accepter tout ce que cette réussite pouvait impliquer. Ainsi donc, n'importe quel individu, sans diplôme et sans expérience pouvait obtenir de meilleurs résultats qu'une centaine de spécialistes formés aux meilleures écoles ? Voyons donc! Trop souvent, pensaient-ils, on sous-estime les connaissances de ceux qui possèdent l'expérience et la science dans le domaine de la santé mentale. Chacun se croit apte à parler en expert…

Dans cet esprit, quelqu'un émit alors l'hypothèse à l'effet que sur la ferme, Jules n'ait fait qu'actualiser des choses déjà apprises à l'hôpital. Voilà qui devenait plus rassurant. Malheureusement, cela ne changeait rien au problème. De toute façon, il demeure peu probable qu'à l'hôpital, Jules ait appris à cuire des oeufs ou à mettre la table, les patients n'ayant pas accès aux cuisines. On peut également se permettre de douter qu'il y ait appris à monter à cheval, à partir un tracteur ou à manipuler des bottes de paille. Et quand bien même il aurait su comment attacher ses souliers, pourquoi diable refusait-il de le faire ?

À quoi servent des acquisitions que l'on n'est pas en mesure de mettre en pratique ? Il semble de toute façon qu'en discutant les détails - savait-il manier une motoneige avant d'arriver sur la ferme ? - les spécialistes passaient à côté de l'essentiel: la totale transformation de Jules.

On observa toutefois - et avec beaucoup de justesse - que des activités comme grimper dans une échelle prennent bien plus de signification dans une étable quand il s'agit d'aller chercher du foin que dans le gymnase d'un hôpital où il n'est question de grimper que parce que le moniteur le demande. Encore quelques années et quelqu'un découvrira sans doute que c'est aux plus dépourvus d'esprit que l'on propose généralement - en institution - les activités aux significations les plus abstraites. Et peut-être percevra-t-on tout à coup l'absurdité de telles méthodes. Mais revenons à nos moutons.

Et bien justement, ils observèrent aussi que le mouton que l'on a devant soi a plus de signification que celui qu'on regarde en illustration dans un cahier. Bref, de l'avis de tout le monde, il fallait orienter les recherches vers des activités plus significatives. À ce moment, l'opinion générale s'enflammait et si l'on avait écouté l'assistance, quelques centaines d'enfants seraient partis dès le lendemain pour aller s'établir sur des fermes.

L'intervention que fit alors René Laplante, un des plus anciens collaborateurs de Justin au Département d'éducation physique, ramena les esprits sur terre. Il ne posa qu'une simple question:

"Depuis quand est-ce qu'on a besoin d'aller vivre sur une ferme pour se faire cuire un oeuf?"

Effectivement, s'il s'agissait simplement de trouver un cadre moins contraignant, la première chose à faire était d'améliorer les conditions offertes à l'hôpital même. En général, les gens prennent davantage plaisir à discuter les problèmes d'autrui que les leurs. Ce fut le cas justement. Désinstitutionnaliser l'hôpital? Mais vous n'y songez pas! Ce qui est possible sur une ferme peut-il l'être également dans un hôpital psychiatrique? De prime abord, on serait porté à conclure que non. Mais attention! S'il s'agit d'élever des chevaux, la réponse sera négative. Mais s'il est simplement question de permettre aux patients d'agir, la chose devient possible. À condition, toutefois, de faire certaines concessions. Bien sûr, la routine sera moins confortable pour le personnel. Les enfants resteront moins tranquilles. Ils se saliront et abîmeront du matériel. Les repas dureront plus longtemps, une certaine quantité de nourriture sera gaspillée. Mais cela n'en vaut-il pas la peine?

Une dame prit la parole et parla de son enfant déficient qui, élevé librement, pouvait rouler à bicyclette et faire les commissions. On découvrit qu'il existait un peu partout d'autres Jules dont personne n'avait signalé le cas.

Il s'agit bien de comprendre qu'à ce stade, l'essentiel du message n'apparaissait clairement ni au personnel de l'hôpital, ni à Justin et à ses compagnons. Une autre année allait devoir s'écouler avant que l'idée germe véritablement et porte fruit.

Justin aborda donc l'été 1974 à l'hôpital Rivière-des-Prairies avec un enthousiasme accru. Dans le cadre d'un projet Perspective-Jeunesse, le Département d'éducation physique venait d'engager une douzaine d'étudiants à titre de stagiaires. Ceux-ci venaient donc s'ajouter aux vingt et un membres du personnel régulier que Justin avait sous ses ordres et il fut décidé qu'on allait organiser un été riche en activités pour les enfants de l'hôpital.

Ce n'était pas chose facile. D'emblée, Justin rêvait de trouver des activités qui soient vraiment significatives pour les

59

enfants. Les théâtres de marionnettes répondaient-ils à ce critère? On pouvait se permettre d'en douter. À ces séances, la grande majorité des patients semblait trouver si peu d'intérêt qu'il n'était pas rare de voir les moniteurs circuler dans les rangs pour faire applaudir les spectateurs en leur frappant les mains l'une contre l'autre.

Les spectacles musicaux n'obtenaient pas de meilleurs résultats. Sans doute fallait-il orienter les recherches vers des domaines où les enfants seraient participants plutôt que spectateurs. Peut-être une certaine forme de compétition aurait-elle un effet stimulant?

Avec son équipe, Justin organisa donc des compétitions sportives faciles d'accès. Avec un câble, par exemple, on pouvait opposer deux équipes et voir laquelle parviendrait à tirer l'autre. On tenta l'expérience.

Les moniteurs responsables choisirent les patients les plus forts de leur groupe et les installèrent les uns derrière les autres, le câble bien en main, en ne ménageant pas les encouragements. Les deux équipes en place, chacune à égale distance de la ligne centrale, le suspense dura jusqu'au signal du départ. Ce fut bref. On vit les membres de l'équipe de gauche partir sans hésiter, traverser la ligne de démarcation, et rejoindre l'autre équipe sans songer un instant à l'affronter. L'activité n'était sans doute pas assez significative.

On tenta d'intéresser les enfants à d'autres formes de compétition. Les jeux de poche, par exemple. Mais ce fut peine perdue. Ils ne trouvaient aucune motivation, aucune signification à lancer des poches de sable dans des trous. Les moniteurs allaient et venaient, plaçaient la poche dans la main, fermaient la main, agrippaient l'avant-bras, le balançaient… mais ils avaient fermé la main et le patient ne l'ouvrait pas. Quand on tenta l'expérience avec des fers, le résultat resta le même: nul.

Justin assistait à cela en silence. Dans sa tête, une expression revenait sans arrêt: "Des morts ambulants. Ce sont des morts ambulants".

Il rageait. Il devait bien y avoir un moyen d'ouvrir ces yeux, de déboucher ces oreilles, de mettre ces moteurs en marche. Les enfants ne répondaient à aucun stimulus. C'étaient véritablement des morts ambulants. Convaincu qu'il existait une solution, Justin rageait de ne pas la trouver.

Il tenta cet été-là, des centaines d'expériences. Aucune éventualité ne devait être écartée. Quelqu'un ayant proposé que l'on déshabille les enfants pour les faire jouer dans la boue, il envisageait de mettre le projet à exécution lorsque les moniteurs préposés aux malades manifestèrent en bloc leur désapprobation. Leurs arguments ne concernaient nullement les patients. Ils étaient d'ordre pratique, dirons-nous. Les enfants reviendraient couverts de boue, ils allaient tout salir sur leur passage et cela occasionnerait un surplus de travail. Mettez-vous à leur place, vous n'auriez sans doute pas réagi autrement.

Les choses en étaient là. On imaginait une nouvelle situation et les moniteurs amenaient leurs enfants. Ceux-ci arrivaient en troupeau et réagissaient à peu près comme des bêtes que l'on guide vers l'abattoir. Confrontés à ladite situation, ils restaient béants, bras ballants, sans comprendre pourquoi on les avait déplacés. Ils émanaient si peu de goût de vivre, ils semblaient si désintéressés, toute cette aventure paraissait tellement vouée à l'échec qu'on se demande comment ces gens ont pu trouver la force de persévérer.

Mais l'ombre de Jules planait au-dessus de la tête de Justin, comme une sorte de témoignage ou de garantie. Plus il essuyait d'échecs et plus il se sentait convaincu que la solution existait.

"Ces enfants ont des bras et des jambes, se disait-il. Ils sont donc capables de bouger."

Il s'agissait de trouver la corde sensible qui allait réveiller leurs instincts. Alors, dans un éclair, une lumière se fit.

La nourriture! On allait les avoir par le ventre.

Sur le terrain de l'hôpital, l'équipe d'éducation physique décida d'organiser des pique-niques. La nourriture, se disaient-ils, allait servir de stimulant. Justin avait remarqué la vitesse à laquelle les enfants avalent leurs repas dans les salles. Il imagina donc de préparer un menu composé de mets simples dont on allait laisser la préparation finale aux principaux intéressés. Il y avait des céleris, des radis, des dattes, du pain, des saucisses à hot-dog et des canettes de liqueur. On avait même construit un foyer sur lequel les enfants pourraient faire griller leurs pains et leurs saucisses. L'appétit saurait bien les motiver, les forcer à agir et à relever le défi. La première expérience de ce genre fut tentée en présence du personnel préposé. Et ce fut un échec pour la simple raison que ceux-ci, habitués de servir leurs patients - parce que c'est plus simple et plus rapide - préparèrent les hot-dog et les distribuèrent. Les enfants n'en attendaient d'ailleurs pas moins d'eux. Quand Justin tenta de s'interposer, une monitrice le remit à sa place vertement:

— T'as pas d'allure. Tu voudrais défaire tout le travail qu'on a fait dans les salles.

Elle faisait allusion aux bonnes manières que le personnel préposé tente quotidiennement d'inculquer aux patients. On ne joue pas avec les aliments. On ne mange pas avec les mains. Etc.

Mais Justin tenait à son idée. Il répéta l'expérience avec d'autres patients. Il y avait du pain, du fromage, encore des canettes de liqueur, des fruits… Et il obtint satisfaction. Il vit les enfants bouger pour la première fois. Se démener pour obtenir leur part du festin. Se débrouiller pour déboucher leur canette de liqueur. Et réussir!

Pendant un court instant, un semblant de vie était apparu dans les yeux de ces créatures soi-disant dépourvues de ressources. Cela suffit pour recharger la batterie de Justin. Tout espoir n'était pas perdu.

Mais la réussite demeurait bien minime en comparaison de tous les efforts qu'il avait fallu déployer. En faisant le résumé de la situation, Justin se demandait à combien on pouvait évaluer la rentabilité de l'été. Il avait fallu employer des montagnes de personnel pour faire bouger un peu les enfants. Et dans quatre-vingt-dix-neuf pour cent des cas, on n'avait même pas obtenu l'ombre d'un résultat. Pour mettre sur pied et animer ces activités, il avait fallu mettre à contribution un employé pour deux patients. C'était inconcevable. Comment convaincre la direction d'employer une telle méthode de travail? Beaucoup de choses restaient à mettre au point.

Pendant ce temps, à Terre des Jeunes, les activités du camp d'été se déroulaient normalement. Cette fois on n'avait pas tenté d'y intégrer Jules qui allait et venait à sa guise. S'il continuait à assister Pierre dans les travaux d'entretien de la ferme, il avait trouvé quelque chose de nouveau pour occuper le reste de ses journées: la mini-moto de Michel Bournival.

S'il ne l'utilisa que quatre ou cinq fois avant de rester pris dans un tas de bois, à côté de la grange, la chose vaut quand même la peine d'être racontée car elle contribua à lui donner de l'assurance. D'abord Jules fut heureux de découvrir qu'il était capable de la conduire. Enfin presque. Une fois de plus, il trouvait dans la réalité la possibilité d'intégrer son personnage imaginaire.

Sur son nouveau véhicule, il devenait un farouche motard et l'admiration qu'il lisait dans les yeux des petits campeurs ne laissait subsister aucun doute: ce n'était pas un rêve. Comme c'est souvent le cas, la moto devenait le symbole de sa puissance. Il était bon dans le cas de Jules d'avoir enfin quelque chose de concret pour se rassurer.

Chaque jour, Jules devenait plus humain. Maintenant qu'il était devenu un personnage important - grâce à la moto - il portait beaucoup plus d'attention aux gens autour de lui, ne fut-ce que pour constater l'effet qu'il produisait sur eux. Il se mit à saluer les campeurs qu'il rencontrait sur son chemin. Cette moto lui permettait de surmonter un peu la timidité qui le tenait prisonnier. S'il avait désormais la possibilité de s'éloigner, il préférait quand même concentrer ses allées et venues à l'intérieur de l'enceinte du camp, car quelque chose lui disait confusément que c'était là l'endroit particulier où le miracle se produisait. Très certainement, Jules fut le premier à ressentir cet état de chose. Cet aspect privilégié que prend Terre des Jeunes aux yeux de ceux à qui elle permet d'accéder quelque peu à leur rêve.

Chaque être humain porte en lui un tel rêve qu'il tente tant bien que mal de réaliser ou d'atteindre. Sans ce rêve, la vie n'a plus de direction et nous piétinons nerveusement sur place. C'est ce genre d'ambition qui doit mener le monde. L'ambition de mieux être dans sa peau. Le rêve de paix intérieure que chacun porte en lui et ressent plus ou moins. Dans de mauvaises circonstances, ce rêve se transforme en un type d'ambition plus terre-à-terre, plus matérielle. Au besoin de se sentir accepté, on substitue le désir d'être admiré. Au besoin de se sentir aimé, on subroge l'ambition de posséder.

Entre le besoin originel et le désir matériel qu'on lui a substitué, on retrouve invariablement l'idée de la vengeance. On naît pur, mais les blessures ne tardent pas à venir. On tendait vers une chose, on s'attaque désormais à une autre.

63

Puisque l'on est frustré ici, on tente de trouver des compensations là. On perd son idéal, on trouve un maître. L'ambition qui perd son homme est basée sur la frustration.

Les êtres comme Jules n'abandonnent jamais vraiment leur rêve originel. Ils ne sont pas assez hardis, ils n'en ont pas les moyens. Grâce au ciel, ils ont l'esprit trop simple pour lui imaginer des substituts d'un autre ordre. Ils s'agrippent à ce rêve et ne le lâchent pas. Si la réalité ne permet pas que celui-ci se réalise, ils le suivent volontiers dans un monde meilleur. Mais lorsque la réalité consent à leur donner leur chance, ils savent l'utiliser à bon escient, car ils n'ont jamais quitté leur rêve des yeux.

Jules ressentait clairement cet état de chose. Il savait où commençait sa chance, et où elle prenait fin. D'instinct, il connaissait les limites de son lieu privilégié. Il savait lire dans les yeux des gens et pouvait déterminer sans erreur si vous vous opposiez ou non à son statut d'homme libre. Si vous le preniez pour un fou, un incapable, un moins que rien, il vous identifiait à la réalité mauvaise et s'empressait d'aller chercher refuge dans son indépendance. Si vous lui témoigniez du respect, il respirait.

À Terre des Jeunes où la chance était constamment de son côté, le rêve de Jules se raffina. Plus il trouvait de compensations à son ancienne frustration, plus ses promenades solitaires étaient la scène de spectacles apaisants. S'il continuait à s'affirmer en battant ses invisibles ennemis, il trouvait également plaisir à des activités dépourvues d'agressivité. Il lui arrivait désormais de s'isoler dans la cafétéria, le soir, et de mettre un vieux disque sur le pick-up. Au son de la musique, cet invincible combattant prenait alors grand plaisir à danser, tout seul, pendant de longues heures. Il m'arrive parfois d'éprouver de l'envie à l'égard de Jules. Quels mondes merveilleux et combien apaisants il a à sa disposition !

Justin venait passer sur la ferme toutes ses journées de congé et parfois même quelques soirs de la semaine. S'il ne comprenait pas encore ce qui avait ainsi transformé Jules, il ressentait de plus en plus clairement la certitude d'être sur la bonne voie.

Comme Jules paraissait vivant à côté des enfants qu'il côtoyait tous les jours à l'hôpital. Et pourtant, comme il avait été semblable à eux il n'y a pas si longtemps. Très certainement, un jour, à force de chercher, Justin finirait par trouver la chose qui les tient prisonniers. Et ce jour-là, il ferait ce qu'il faut pour les en délivrer.

L'été tirait à sa fin et Justin restait aux prises avec son idée fixe. À l'hôpital, les choses se compliquaient. Trop de situations différentes se présentaient en même temps. Tout était trop entremêlé. Les exigences du personnel, les besoins des enfants, les politiques de la direction; une phrase lui demeurait à l'esprit, cette idée fixe: "Il faut trouver un moyen pour leur ouvrir les yeux, déboucher leurs oreilles..."

C'est cet automne-là que ses ennuis commencèrent avec la direction. Ce qui débuta par une bagatelle prit bientôt des proportions énormes. Le docteur Lazure prétendait que le terrain de l'hôpital n'était pas assez utilisé. Justin soutenait le contraire. Il citait en exemple toutes les expériences qu'il avait tentées à l'été et qui avaient eu lieu sur le terrain en question. Mais il s'intéressait bien davantage à éveiller ses "morts ambulants" qu'à occuper le terrain. C'est sans doute ce qui alimenta le différend. Le docteur Lazure en vint alors à contester son leadership et lui demanda d'exercer davantage son autorité. Justin répondit qu'il croyait agir correctement et conclut:

"Je ne suis pas certain de changer."

En tant que directeur général, le docteur Lazure détenait l'autorité suprême. Il observa:

"Votre comportement devient inacceptable, monsieur Bournival. On vous dit de changer votre manière de diriger et vous répondez que vous n'êtes pas certain."

Si je raconte cet épisode, c'est qu'il me semble significatif. Pourquoi, en effet, la manière d'opérer de Justin déplaisait-elle à la direction tout à coup, alors qu'elle avait fait l'affaire pendant dix ans? Quelque chose dans son comportement avait dû changer récemment, mais quoi?

Cela se passait au fond de lui. Une insatisfaction face au travail accompli depuis dix ans et que le cas de Jules avait rendue apparente. Désormais Justin ne pouvait plus se contenter d'exercer honorablement son métier comme par le passé. Il venait de tout voir sous un angle nouveau. Il venait de prendre conscience de la léthargie des enfants. Il venait de se révolter. C'est lui qui avait changé, pas l'hôpital, ni le docteur Lazure.

Mais ce changement le rendait différent et faisait de lui un être à part. Désormais, il ne parlait plus le même langage que ses confrères. Leurs arguments ne le satisfaisaient plus. Il avait vu autre chose et ne s'intéressait qu'à ça. Cela le plongeait dans une sorte d'isolement.

Consciemment ou pas, il souffrait de ne pouvoir se faire comprendre.

Comme c'est toujours le cas, cet isolement survenait justement au moment où il avait le plus besoin d'autrui.

Lorsqu'un homme s'apprête à créer quelque chose, il ressent généralement cette espèce d'affaiblissement car toute son énergie n'est concentrée que sur la chose qu'il s'apprête à mettre au monde. Tu enfanteras dans la douleur.

S'il avait pu lire l'avenir, Justin se serait vite tranquillisé. Il aurait ménagé ses forces pour l'action à venir. Mais il ne savait pas et souffrit beaucoup durant cette période. Des amis avisés lui conseillèrent alors de prendre quelques semaines de repos. C'était la meilleure chose à faire.

Il resta donc à la maison durant six semaines. Ce furent six douloureuses semaines de révolte alimentée par le sentiment d'être victime d'injustice. C'était un monumental quiproquo. Il avait perçu la faille dans le système.

Mais il évoluait encore à l'intérieur de ce système. Avec son regard fixé sur la faille en question, il adoptait une attitude qui le mettait à part des autres, bien que son but restât le même que celui du système. Cette faille le tourmentait. Il ne pensait qu'à cela. Et comme son but était profondément positif, il avait bonne conscience. De là son incapacité d'accepter qu'on lui reproche d'être différent.

S'il avait dit: "Docteur, je poursuis le même but que vous", on lui aurait répondu: "Alors cessez d'agir en individualiste et rentrez dans les rangs."

Et il lui aurait fallu rétorquer: "Docteur, je ne crois pas en votre armée."

On l'aurait fusillé.

Heureusement, Justin Bournival est un homme positif. Au terme de sa longue réflexion, il conclut: "Rien ne sert de nous lancer des pierres. Il y aura un plus fort et un plus faible et des blessures de part et d'autre qui ne résoudront pas le problème.'' Il revint à l'hôpital et promit de collaborer.

L'hiver s'écoula. Le printemps aussi. L'été 1975 fut témoin de nouvelles expériences semblables à celles de l'été précédent. Plus que jamais, Justin était hanté par sa vision des morts ambulants. Plus que jamais, il cherchait à mettre leur moteur en marche.

Il assista cet été-là au Congrès national d'éducation physique. Le sujet à l'ordre du jour était: "Il faut favoriser le mouvement chez l'enfant". Un à un, les spécialistes défilaient en répétant: "Le mouvement est la base de l'apprentissage. Il faut amener nos enfants (normaux) à bouger.'' Et le déclic se fit.

Lorsque ce fut son tour à prendre la parole, Justin ne tenait plus en place. Les mots se précipitaient hors de lui, soulagés. Ce qu'il dit ce jour-là ne contribuait en rien à lui faire réintégrer les rangs. Il se distingua véritablement en soutenant:

"Si nous en sommes rendus à devoir provoquer le mouvement chez l'enfant, c'est que nous sommes profondément malades. À mon avis, cela n'a aucun sens. Pensez-y un instant. Les enfants bougent énormément. Foutez-leur donc la paix, deux minutes, et ils vont faire plus de mouvements que vous n'en saurez supporter.''

Quelques semaines plus tard, il entreprenait la rédaction de son projet "Apprentissage en milieu agricole".

Que ce soit au niveau de la famille, de l'école élémentaire ou de l'institution, trop souvent l'adulte empêche l'enfant d'agir. Le vécu de l'enfant est structuré, orienté, limité. Si l'enfant réagit bien à ces structures familiales, scolaires, institution- nelles, il faut s'en féliciter et le laisser vivre. Si par contre il réagit mal à l'adulte qui l'empêche de bouger pour diverses raisons, il faut proposer un autre mode d'approche qui permette à l'enfant de vivre. Il se trouve aujourd'hui probablement quantité d'enfants perturbés qui font appel à des spécialistes parce que le monde des adultes les a empêchés de bouger.

Qu'est-ce qui est arrivé? L'enfant ne bouge plus. Assieds-toi, reste tranquille, touche pas, tu vas te salir, fais attention, tu vas te faire mal, c'est pas comme ça qu'on fait, etc.

Certains en deviennent malades, et alors il faut faire appel à des spécialistes de la psycho-motricité, de la bio-motricité, de la visio-motricité, de la sensori-motricité, de la perceptivo-motricité, etc.

Ce malaise perçu chez l'enfant normal existe aussi dans les foyers et les institutions. Il est plus évident chez les patients retardés qui, au départ, ont peu d'initiative et peut-être souffrent moins de rester tranquilles (se défendant moins). Ces patients ne bougent pas. Ils sont comme des automates que l'on pousse et que l'on tire sans démarrer le mécanisme central de l'agir personnel. En résumé, trop souvent l'adulte empêche l'enfant de vivre. Un autre aspect important au niveau de l'apprentissage consiste à distinguer le processus d'acquisitions pour atteindre le produit fini. Bien manger, bien parler, bien se vêtir sont le résultat d'un long processus. Souvent, on fait répéter un exercice sous la forme de dressage jusqu'à l'obtention d'un résultat satisfaisant. On applique à la bienséance le même processus d'apprentissage fragmenté appliqué il y a vingt ans dans les écoles. Aujourd'hui, on sait que ce n'est pas parce qu'on apprend une petite danse écossaise qu'on possède le rythme. Ce n'est pas parce qu'on récite un poème anglais qu'on possède la langue. Cette façon de procéder par dressage provoque chez beaucoup d'enfants un refus de collaborer vis-à-vis de l'apprentissage ou encore engendre une soumission qui limite son champ d'action. L'activité n'a pas de signification pour lui.

Pour Justin, tout s'éclairait. Il comprenait enfin pourquoi aucune activité organisée ne parvenait à éveiller ses morts ambulants. Il savait désormais comment les yeux allaient s'ouvrir, les oreilles se déboucher et les moteurs se mettre à fonctionner.

Étrangement, quelque part en France, une femme, Suzanne Mollo, docteur en psychologie, observait à peu près le même phénomène chez les enfants normaux. Elle disait à ses confrères:

"C'est sans doute parce qu'ils ont la réputation d'être bavards que l'on n'écoute pas les enfants. C'est sans doute également parce qu'on pense à leur place qu'on n'entend pas ce qu'ils disent."

Elle parlait des enfants de tout le monde, les vôtres, le mien, et son étude avait pour cadre le milieu écolier. Par là, elle mettait le doigt sur un bobo fort dangereux et répandu à l'échelle de notre société toute entière. Nervosité et anxiété sont,

68

selon elle, le lot quotidien de l'écolier. Et elle commentait: "L'enfance ne manque pas de savants, qu'ils soient psychologues, cliniciens, thérapeutes, enseignants ou sociologues. Mais tous ces gens savants et compétents sont atteints du même mal: ils souffrent généralement d'"adultocentrisme". Ils dissertent à l'infini, et fort bien, sur les images qu'ils se font de l'enfance, sur leur conception de l'enfance. Mais écouter un enfant, à quoi bon!"

Les déclarations de Suzanne Mollo furent publiées, et Justin en prit connaissance. Ainsi donc, quelqu'un pensait comme lui. Il relut les premières phrases: "C'est sans doute parce qu'ils ont la réputation d'être bavards qu'on n'écoute pas les enfants. C'est sans doute également parce qu'on pense à leur place qu'on n'entend pas ce qu'ils disent…", et formula: "C'est sans doute parce qu'ils ont la réputation d'être fous qu'on ne regarde pas les déficients mentaux. C'est sans doute aussi parce qu'on agit à leur place qu'on ne voit pas ce qu'ils peuvent faire."

Cela se tenait. Si un doute subsistait encore dans son esprit, il fut balayé à ce moment-là.

Dès lors, son projet s'établit. Afin de démontrer d'une façon significative la valeur de l'expérience qu'il se proposait d'entreprendre, les enfants choisis devraient être considérés comme des cas difficiles: soit des enfants limités dans leur apprentissage mais dont on soupçonnerait un potentiel latent, soit des adultes déficients mentaux profonds vivant en institution depuis de nombreuses années.

On était en août 1975. Le docteur Lazure venait d'être nommé directeur de l'hôpital Louis-Hippolyte Lafontaine (anciennement appelé Saint-Jean-de-Dieu). Le docteur Jacques Mackay assumait désormais les plus hautes fonctions à Rivière-des-Prairies. Quelques années auparavant, c'est lui qui avait communiqué à Justin le refus du docteur Lazure face à son projet "Hors Milieu". Dans les circonstances actuelles, Justin ne s'attendait pas à ce que son nouveau défi trouve un accueil chaleureux à l'hôpital.

Il proposait de prendre sur la ferme sept personnes dont l'apprentissage est gravement compromis. Il avait l'intention de démontrer comment des enfants bloqués dans leur apprentissage peuvent apprendre, dans un contexte favorable. Il s'agissait en quelque sorte de permettre à d'autres enfants de s'épanouir comme avait su le faire Jules.

Mais auparavant, il fallait régler certaines choses. Il en parla d'abord à son épouse Carmen. Accepterait-elle de le laisser quitter son emploi et d'aller s'isoler pendant au moins trois mois sur la ferme sans quitter les enfants un seul instant? Réponse favorable. Alors il fallait soumettre le projet à la Corporation de Terre des Jeunes et demander à être engagé par elle à plein temps pendant au moins un an. Nouvelle réponse favorable.

Comme je l'ai déjà mentionné, Justin ne s'attendait pas à ce que son projet séduise la direction de l'hôpital.

Il dressa une liste des différents organismes susceptibles d'accepter de tenter l'expérience. Il allait envoyer une copie du projet au Centre des services sociaux du Montréal métropolitain, au *Montreal Children Hospital*, au Centre des services sociaux de Joliette, au Centre des services sociaux Laurentide de Saint-Jérôme...

Puis il se dit que la plus élémentaire politesse voulait qu'il en envoie également une copie à Jacques Mackay.

III

Quelques années auparavant, le docteur Lazure avait déclaré au cours d'une conférence: "Si certains de nos patients ne progressent pas, il ne faut pas se dépêcher de conclure à leur incapacité de le faire, mais plutôt s'attacher à déceler la déficience de nos propres méthodes d'approche".

Des phrases de ce genre devraient assurer l'immortalité à qui les met en circulation. Au moment où le docteur Lazure la prononça, celle-ci ne provoqua pourtant aucune révolution. Tout au plus marqua-t-elle particulièrement certains esprits plus réceptifs.

Justin Bournival, pour un, n'oublia jamais cette phrase. Il prend encore plaisir à la citer à ceux qui, d'une part, seraient enclins à ridiculiser les spécialistes ou, d'autre part, à conclure qu'on perd son temps avec les déficients mentaux.

Quant au docteur Jacques Mackay, aujourd'hui directeur succédant au docteur Lazure, s'il ne passe pas son temps à citer son prédécesseur, on peut déceler dans certains de ses gestes importants, une honnêteté professionnelle qui le dispense d'avoir à faire de beaux discours.

J'ignore quelle fut sa première réaction personnelle au nouveau projet dont Justin lui remit une copie en août 1975. J'ignore également ce qu'il pense ou pensait de Justin à l'époque. L'aimait-il? Croyait-il en lui? Je n'ai pas à me poser ces questions. J'aime à croire que les hommes sérieux ne font pas entrer leurs sentiments personnels dans les questions d'ordre professionnel.

Comme je l'ai déjà dit, Justin proposait de prendre avec lui sur la ferme sept patients - déficients profonds - bloqués dans leur apprentissage. À ces patients, il voulait proposer un cadre peu contraignant dans lequel ils seraient en mesure d'agir d'abord et, à travers les gestes qu'ils poseraient, d'indiquer le genre de thérapie susceptible de leur convenir plus particulièrement. "Apprentissage en milieu agricole" se voulait une action de dégrossissage. Il fallait dans un premier temps débarrasser le patient de tout le mécanisme institutionnel absorbé, afin d'être en mesure d'observer sa véritable personnalité et, de là, comprendre ses problèmes particuliers.

Au moment où il soumettait ce projet, Justin ne s'attachait qu'à cet aspect dégrossissage. En redonnant la liberté aux patients, il voulait les voir devenir eux-mêmes de manière à pouvoir les comprendre. Son action, croyait-il, devait les amener à améliorer leurs relations avec le monde extérieur et leur comportement social. Ils devaient faire l'apprentissage de nos règles de base. Manger convenablement, prendre en charge leur hygiène personnelle, s'exprimer plus ou moins clairement, entretenir leurs vêtements, faire leur lit… en échange de quoi il leur assurait la liberté et le respect nécessaires à l'épanouissement de leur personnalité véritable. À ce stade, se disait-il, ils seront aptes à retourner dans la société. Ils pourront aller en ateliers protégés et par leur participation à la production, assumer leur nouveau statut de citoyens indépendants et autonomes.

Ceci était son but sous-entendu. Celui qu'il exprima se limitait à quelques mots: "Expérimenter et évaluer une approche d'apprentissage". Bref sur papier, il ne s'aventurait pas trop loin. Cela s'explique.

Dans son for intérieur, Justin croyait intuitivement mais fermement au potentiel latent des enfants déficients. Pour lui, tout revenait simplement à la question de motivation. La motivation, se disait-il, est la clé. L'agir représente le moteur. Lorsque l'enfant possèdera la motivation adéquate, il mettra son moteur en marche. Il était branché sur quelque chose qui lui dictait de faire comme la Nature quand elle lance au hasard des graines minuscules appelées à germer malgré tous les obstacles; quelque chose qui lui disait d'avoir confiance (c'est le prérequis initial) en la Nature qui est dans tout, et même dans l'enfant malade. Leur motivation réside quelque part en eux, se disait-il. Il s'agit de leur laisser le temps et la possibilité de la retrouver, cette indispensable clé.

Bien assis sur une chaise de cuisine ou au volant d'une automobile, on peut ainsi verbaliser ses impressions et bâtir des châteaux en Espagne. Justin avait trouvé une réponse à la question des morts ambulants et bâtissait en imagination des résultats possiblement hors de proportion. Il basait sur une hypothèse des projets susceptibles de transformer bien des vies.

C'était une question de confiance. On en a ou on n'en a pas. Or justement, ceux à qui il adressait son projet allaient-ils manifester la confiance nécessaire à la mise en marche des opérations? La belle transformation de Jules suffirait-elle à inspirer confiance à d'autres que Justin?

Celui-ci s'apprêtait à traiter avec des organismes dont il ne connaissait pas parfaitement les rouages. Il ne nourrissait aucune illusion quant au sort réservé à son projet du côté de Rivière-des-Prairies. La manière dont il allait tenter d'intéresser les responsables du *Montreal Children Hospital*, par exemple, occupait entièrement son esprit. Il passait des journées à reformuler son projet dans sa tête, phrase par phrase, remettant constamment chacune d'elles en question.

Il était ainsi préoccupé le jour où il laissa au docteur Mackay une copie du projet.

On en revient aux questions qui se posaient au début de ce chapitre. Quelle fut la réaction du directeur de l'hôpital? Que fit-il du projet après en avoir pris connaissance?

Rien du tout. Il le classa quelque part et l'oublia jusqu'au moment de se rendre à une réunion de spécialistes avec les psychiatres responsables de secteurs. Alors il ajouta le projet à l'ordre du jour. Si, vu d'un certain oeil, on peut considérer cette attitude comme la plus élémentaire considération, il ne faut néanmoins pas perdre de vue qu'imbus de leur autorité, bien d'autres dirigeants auraient fait subir au projet un jugement aussi expéditif que subjectif. Rien n'indique qu'à ce moment, le docteur Mackay avait été converti soudainement aux idées de Justin Bournival.

Quand il soumit la chose à ses confrères, le directeur s'abstint tout simplement de commentaires. Les psychiatres prirent connaissance du projet qui circula de l'un à l'autre et se montrèrent favorables à sa mise en application. Ils aimaient bien Justin. Ils aimaient également ses méthodes d'approche et manifestaient de la confiance à son égard.

Le docteur Mackay fit remarquer qu'il ne s'agissait pas simplement d'avoir confiance en Bournival mais surtout d'accepter de relever le défi avec lui. Plus concrètement, quelqu'un de l'hôpital devait assumer la responsabilité d'une telle expérience. Confrontés à cette réalité, personne ne sachant exactement à quoi s'attendre, il n'y eut pas alors d'enthousiasme débordant. Pas non plus de volontaire instantané. Personne n'eut à se battre pour le poste.

Quelqu'un proposa le nom de Lise Brochu.

Plus tard, celle-ci confiait à Justin:

— Moi, la belle folle, je suis toujours prête à m'embarquer dans tout...

Effectivement, même si aucun patient de son secteur ne fut choisi pour l'expérience, c'est elle qui hérita de la responsabilité.

Personne, je crois, ne fut surpris autant que Justin lorsqu'il apprit que l'hôpital acceptait de parrainer son projet. Décidément, le ciel penchait en sa faveur. Les choses se présentaient encore mieux qu'il n'avait osé l'espérer. Il préférait nettement travailler en collaboration avec l'hôpital où il connaissait tout le monde que d'avoir à traiter avec des inconnus.

La durée du projet était fixée à un an. En se basant sur le rythme des acquisitions de Jules, Justin avait estimé qu'une année devrait suffire pour obtenir les premiers résultats concrets. Il prévoyait diviser cette année en trois étapes réparties comme suit:

Durant les trois premiers mois, il serait seul vingt-quatre heures par jour, sept jours par semaine, avec les enfants. Du quatrième au sixième mois, il comptait intégrer progressivement deux stagiaires afin d'une part de partager la tâche et, d'autre part, d'habituer les enfants à d'autres présences que la sienne. Finalement, il avait l'intention de céder la place à un couple pour les six derniers mois de l'expérience. Ceci ajouterait à la normalisation, le couple faisant vaguement office de père et mère. D'après Justin, cela allait concorder avec le moment où, débarrassés de tous les résidus de contrainte institutionnelle, les enfants seraient enfin aptes à acquérir les rudiments d'un comportement social acceptable. Quant aux activités qu'il comptait leur proposer, Justin avait une philosophie relativement simple. Sa première préoccupation, on s'en doute, consistait à laisser agir. Cet agir, croyait-il, allait se manifester principalement autour de la nourriture, du corps, du milieu de vie, pour s'étendre ensuite à l'extérieur ou vers des initiatives personnelles.

"Les occasions d'agir seront multiples, promettait-il, et celles de ne rien faire aussi. En résumé, chaque enfant aura sa chambre personnelle. Il aura la liberté d'agir à sa guise, et devra pourvoir seul à ses besoins personnels de base. Le rôle du responsable est d'organiser le milieu afin de permettre à l'enfant d'agir sans contrainte et sans danger physique. Il doit vivre lui aussi, et non pas seulement vivre pour les enfants."

Restait à choisir les enfants en question. Il s'agissait donc d'établir des critères de sélection qui soient en même temps significatifs de l'expérience et favorables à l'obtention des résultats escomptés.

S'il ne posait pas de critère relatif au sexe, Justin préférait travailler avec des garçons. Pour que l'expérience soit concluante, il allait devoir choisir des enfants dont l'apprentissage était bloqué et auxquels l'hôpital n'avait plus de ressources à proposer. D'autre part, s'il voulait arriver à quelque chose, Justin devait choisir des patients auxquels les spécialistes soupçonnaient un potentiel latent. Parmi ceux-ci, il avait décidé de prendre ceux dont le comportement présenterait le moins d'embêtements. Il les voulait capables de manger seuls, de se vêtir seuls, et continents fécals, c'est-à-dire capables d'aller à la toilette lorsque le besoin s'en fait sentir. Il voulait également des enfants ne nécessitant aucune médication particulière. De drôles de surprises l'attendaient.

Son expérience reposant sur une hypothèse, à savoir que l'activité motrice augmente les chances d'adaptation, Justin rêvait en somme d'intégrer des inadaptés. Mais il voulait, semble-t-il, des inadaptés tout beaux, tout gentils, qui s'épanouissent comme des fleurs de pissenlit sur la pelouse bien entretenue de notre société bien pensante. Il lui restait à se frotter aux différents types de manifestation de ce que l'on appelle l'inadaptation.

Dans un premier temps, les psychiatres responsables de secteurs dressèrent un inventaire des patients susceptibles de répondre aux critères de Justin. Une vingtaine de noms lui parvinrent. Tel que demandé, c'étaient uniquement des noms masculins, car Justin préférait ne pas avoir à s'occuper de toutes les petites réalités relatives à la féminité, je pense autant au linge de corps et vêtements de femmes qu'aux serviettes sanitaires et pilules anticonceptionnelles. D'ailleurs Justin se sentait plus à l'aise avec des gars.

D'autre part, à cause d'une certaine subtilité administrative, il ressortait que seuls les patients âgés de dix-huit ans et plus dépendaient du ministère des Affaires sociales, les cadets étant confiés entièrement à la responsabilité de l'hôpital. Devant cet état de fait, les deux parties trouvaient leur avantage à ce que l'expérience soit faite avec des dix-huit ans et plus.

Ces deux nouveaux critères d'acceptation ajoutés aux premiers, on comprendra que le choix devenait de plus en plus restreint. Sur les sept cents patients de l'hôpital, il ne s'en trouva que vingt susceptibles d'être confiés à Justin. Celui-ci partit donc avec leurs vingt dossiers. L'étude de chacun d'eux fit diminuer à huit ou neuf le nombre de ses possibilités. Certains venaient d'être placés quelque part et semblaient bien fonctionner depuis peu; d'autres venaient de se voir confier une responsabilité au Service d'entretien; un tel autre entretenait une relation prometteuse avec un de ses moniteurs; bref certains noms commençaient à s'imposer.

Les trois premiers sur qui Justin fixa son dévolu furent des garçons qu'il connaissait personnellement pour avoir déjà travaillé avec eux au gymnase. Ils appartenaient tous au secteur sept. Justin les choisit les premiers parce qu'il les connaissait et aussi parce qu'il éprouvait de la sympathie à leur égard. Ce n'était pas tout à fait scientifique, mais Justin se disait qu'il aurait bien assez d'ennuis pour se le permettre. Il retint donc les noms de Denis, Serge et Ritchey. Sans le savoir, il venait de choisir un premier incontinent fécal. Deux autres allaient suivre. En toute naïveté, il me confiait récemment:

— Pour Ritchey, je m'en doutais un peu…

Effectivement, Ritchey aurait été propre qu'il aurait presque fallu s'en étonner. Il avait tellement tout du parfait imbécile. Mort de peur, incapable de la plus petite initiative, il était littéralement secoué de tics nerveux. Pas méchant pour un sou, il dégageait son agressivité en se mordant les doigts. Il ne réagissait pas devant le danger. C'était tout juste si, laissé à lui même en eau profonde, il parvenait à faire quelques semblants d'efforts maladroits pour sauver sa peau.

Serge se présentait un peu mieux. Justin le trouvait drôle. À son avis, Serge avait des aptitudes à rendre de nombreux et respectables services au niveau de l'entretien ménager et de la conduite des autres patients. De toute évidence, il débordait de bonne volonté. Le jour même de son arrivée sur la ferme, il se lava trois fois la tête, changea deux fois de pantalon et se masturba à deux occasions.

Reste Denis qui, s'il se situait entre Serge et Ritchey, penchait visiblement du côté de ce dernier. Comme Ritchey, il manquait désespérément d'initiative. Heureusement, il utilisait les toilettes. À part ça, il mangeait gloutonnement et semblait dominé par la peur. Denis passait volontiers des journées entières sur la même chaise, tournant continuellement entre ses doigts une mèche de ses cheveux bouclés. Justin le trouvait pourtant très sympathique. Denis aimait à jouer et à rire, mais il ne semblait pas savoir comment s'y prendre.

Au secteur six, on lui recommanda Jean-Louis comme étant tout indiqué pour le genre d'expérience que Justin comptait mener. C'était un enfant psychotique. Un bel enfant avec ça. De grandeur moyenne, bien bâti, il avait de beaux yeux noirs et ne semblait pas bête du tout. Justin ne le connaissait pas, mais on lui affirma que Jean-Louis était susceptible d'apprendre beaucoup, dans un contexte favorable. Cela suffit. Il venait d'accepter son deuxième incontinent fécal. De loin, le pire de tous.

Visiblement, les enfants furent choisis quelque peu à la légère. Cela se fit très rapidement. Avec la travailleuse sociale et le psychiatre, on visitait le secteur, ce qui donnait lieu à une brève rencontre avec les patients. Justin questionnait les moniteurs, mais cela ne donnait pas toujours le genre d'indications dont il avait besoin. Au secteur cinq, seulement deux enfants semblaient susceptibles de répondre aux critères: Guy et Claude. Le premier était assis sur une chaise droite quand Justin pénétra dans la salle. Il n'eut aucune réaction. Sa chaise près du calorifère, le corps penché vers l'avant, il avait la bouche ouverte et le regard perdu dans le néant. Les mains jointes, ses longs doigts nerveux entremêlés, il ne faisait rien. Quand Justin s'approcha et tenta de capter son attention, il se heurta littéralement à un mur d'indifférence. Guy aurait été sourd, muet et aveugle à la fois, que cela n'aurait rien changé. Il était simplement psychotique. Le psychiatre affirmait qu'il était très intelligent mais souligna également qu'il lui arrivait de faire des crises. Justin ajouta son nom à la liste. Puis il se tourna vers l'autre garçon, dont le comportement était à l'autre extrême. Claude ne tenait pas en place. Comme s'il était sur le point de prendre panique, ses petits yeux noirs allaient et venaient sans prendre le temps de se poser un instant. Lui-même ne cessait d'aller ici et là, incapable, semblait-il, de trouver le site ou la situation qui convienne à son désarroi. Manifestement inquiet, il affichait tant de nervosité qu'on ne parvenait pas à en tirer quoi que ce soit. Malheureusement, la monitrice ne savait pas grand-chose sur son compte. Elle était nouvelle ou bien remplaçait quelqu'un, je l'ignore. Elle fit pourtant une recommandation concernant la continence de Claude. Selon elle, l'enfant était continent à condition qu'on lui rappelle d'aller à la toilette à certaines heures. Justin accepta Claude en pensant à autre chose: pouvait-on appeler continent quelqu'un à qui il faut rappeler qu'il a peut-être envie de chier? Il allait bientôt découvrir qu'avec ou sans horloge, Claude avait tout du parfait incontinent. Son troisième.

C'est finalement au secteur deux qu'il choisit son septième larron. Lorsqu'il entra dans la salle en compagnie du psychiatre responsable et de la directrice du Service social, Justin vit un groupe d'enfants et de moniteurs en train de regarder la télévision. Entre les deux moniteurs, un petit bonhomme tout frêle était assis comme un prince. Il fut le premier à fixer son regard sur les visiteurs. C'était François, l'enfant choyé du groupe. Lorsqu'ils comprirent les intentions de Justin, les moniteurs entreprirent de le dissuader de prendre François. Bien sûr, c'était un enfant intelligent et capable de beaucoup d'acquisitions. Mais il n'avait jamais accepté d'être envoyé dans aucun foyer. Chaque fois, il s'était mis à casser des vitres, à fuguer et à se mutiler en s'incrustant de petits morceaux de verre sous les ongles. Justin le choisit néanmoins.

Les sept enfants trouvés, on découvrit bientôt qu'il fallait retarder le projet: le chalet ne convenait pas aux critères d'acceptation relatifs à la sécurité ainsi qu'aux critères sanitaires. De longues discussions furent alors entreprises avec Louise Dionne, la directrice des Services sociaux et Clément Beaudoin, le directeur des Services auxiliaires. Il fallait que le chalet réponde aux critères d'acceptation du Ministère. Avant l'arrivée des enfants, les planchers de bois devaient être recouverts de tuile. De la façon dont il était installé, le poêle à bois était inacceptable. On ne stipulait pourtant pas de quelle manière il était susceptible de le devenir. Bref, le projet qui devait débuter le 28 septembre n'allait pas pouvoir commencer avant le début de décembre.

Chaque jour, Justin se rendait à une nouvelle réunion où il devait discuter draps, serviettes, hygiène, règlements, responsabilités, acceptabilité, sociabilité; tout, excepté les choses qui lui tenaient à coeur. Le jeudi 13 novembre, il écrivait à sa femme:

J'ai le sentiment d'être inondé de matériel: couvertures, serviettes, draps, etc., et je sens la lourdeur des exigences de la société vis-à-vis de l'aspect propreté. Il faut que le chalet soit propre avant que les enfants arrivent et je sens qu'on va me demander de le maintenir ainsi, coûte que coûte.

Pourtant, les enfants ne sont pas propres: ils vont apprendre à le devenir. Quant à moi, je veux vivre avec eux et non vivre pour eux en passant mon temps à ramasser leurs dégâts au fur et à mesure qu'ils en feront.

Un camp de bûcherons me semblerait satisfaisant et même probablement mieux indiqué pour le genre d'expérience que j'ai l'intention de mener. En tout cas, ce serait moins gênant de vivre dedans. On pourrait scier, bûcher, gosser à l'intérieur, et puis progressivement, au rythme de l'apprentissage, on améliorerait ce chalet, on le décorerait, on l'entretiendrait.

Je vais essayer de vivre avec eux. J'ai une lutte à mener pour faire accepter que les enfants vivent eux aussi comme ils l'entendent et à la mesure de leurs acquisitions. L'enfant qui fait cuire ses oeufs va sans doute salir le poêle, et peut-être aussi le plancher. Mais un poêle sale dérange qui? En fait, c'est peut-être justement parce que ces enfants dérangent trop les adultes que finalement, ils n'apprennent rien auprès d'eux.

On posa la tuile au plancher. On réinstalla le poêle à bois. On fit disparaître tous les objets dangereux tels que les couteaux, les outils, la verrerie, les haches. C'était la loi. Pourquoi alors, dans la valise de chacun des gars, Justin trouva-t-il un rasoir à lame? La question ne se pose pas. Pour qu'ils se rasent, bien entendu! Ou plutôt pour que Justin le fasse pour eux.

De fil en aiguille, un jour ce fut la veille de l'arrivée des enfants. Il était vingt-deux heures et Justin terminait d'appliquer la troisième couche de cire sur son beau plancher de tuiles neuves. Il avait passé la journée à nettoyer et commençait à avoir son voyage. Il se disait à lui-même:

"Comme c'est bête! Je suis ici en train de cirer un plancher afin de pouvoir faire de l'apprentissage avec des inadaptés. Pour qui est-ce que je fais ça? Pour les enfants? Non, ils s'en foutent éperdument. Pour moi? Non plus! Pour qui alors? Pour le monde qui va venir ici juger de l'état des patients…"

On nageait en pleine équation intégrale! Ce soir-là, Justin n'avait pas encore décidé quelle attitude il allait adopter avec les enfants durant les premiers jours. Allait-il exiger qu'ils se couchent et se lèvent à heures fixes? Allait-il les servir durant la première semaine afin d'assurer la transition? Ou bien allait-il les laisser complètement libres dès le premier jour et se contenter de beaucoup observer?

Il tomba endormi avant d'avoir opté pour une ou l'autre alternative.

IV

Le lendemain, 2 décembre 1975, Justin s'éveilla de bonne heure et d'excellente humeur, quoique fébrile et légèrement anxieux. Comment allaient se comporter les quatre enfants qu'il ne connaissait pas? Il allait bientôt être fixé.

Claude et Guy arrivèrent les premiers, vers dix heures trente, accompagnés de deux moniteurs. Le premier contact est sympathique. Les enfants semblent gais et le climat est assez détendu. Ils sont contents d'avoir fait un beau grand tour d'auto.

Pour les mettre en confiance, Justin a préparé une petite fête. Il a dressé une table au milieu du chalet, chargée de toute la nourriture qu'il a pu trouver: des fruits, du fromage, du pain, des gâteaux, des bonbons et de la liqueur. Ils ne se font pas prier pour manger.

Une heure plus tard Denis, Serge et Ritchey font leur apparition, escortés eux aussi de deux moniteurs. Même scénario. Ils sont maintenant cinq à table et Ritchey mange des bananes avec une fourchette - et avec la pelure!

Ce n'est que vers quinze heures qu'arrivent finalement Jean-Louis et François, accompagnés de leurs moniteurs. Déjà les autres vont et viennent. Justin leur a fait visiter le chalet, la maison de ferme et l'étable et Claude a l'air de s'intéresser aux animaux.

Tout va très bien et les derniers moniteurs s'apprêtent à repartir lorsqu'on s'aperçoit brusquement qu'un des enfants manque à l'appel. C'est François! Il ne peut pas être allé bien loin puisqu'il n'est arrivé que depuis quelques minutes…

Bientôt, Justin repère ses traces dans le champ. Il se dirige vers le village. En courant dans la neige, Justin se remémore ce que les moniteurs lui disaient à propos de cet enfant qui refusait obstinément de s'adapter ailleurs qu'à l'hôpital. Voilà qui augure bien…

François n'avait vraiment pas perdu de temps. Pour un enfant profondément déficient, il avait l'air de savoir drôlement bien ce qu'il voulait - ou plutôt ce qu'il ne voulait pas… Que faire? Comment réagir? Déjà les beaux principes rencontrent un obstacle. Laisser agir! Facile à dire…

Au bout d'une heure, les moniteurs reviennent avec le fugitif qu'ils ont retrouvé au village, à plus de deux kilomètres de la ferme. Soulagé, Justin revient dans le chalet où de nouvelles surprises l'attendent. Il y a de la marde sur le plancher. Quelqu'un a dévissé une prise de courant et un bouton de chaufferette est cassé.

À part ça, tout va bien.

Claude parle sans arrêt, il en est énervant. Il suit Justin sur les talons en mendiant sans cesse son approbation.

"Aie-là, aie-là mon'oncle? Aie-là... y'é beau moé? Cé beau ça mon'oncle? Cé beau ça? Aie, cé beau ça... T'à moé ça, aie mon'oncle? T'à moé ça?... "

Un seul moyen pour le calmer un peu: lui donner quelque chose à faire. Justin l'envoie chercher des draps et lui demande même de laver la vaisselle. Pendant qu'il est occupé, Claude parle encore, mais il n'a déjà plus besoin d'un adulte pour le rassurer. "Cé beau ça... Y'é fin moé... y'é fin moé."

En visitant la grange, Guy a découvert la motoneige et ne l'a pas quitté pendant des heures. Assis à la place du chauffeur, il se berce d'en avant en arrière comme si le simple fait d'être là, assis sur une motoneige arrêtée dans une grange lui procurait un mystérieux effet. Il ne fait même pas vroum vroum...

Durant l'après-midi, Jean-Louis a chié sur le plancher de la salle de séjour. Aussi Justin ressent-il un certain soulagement en soirée quand il trouve le grand Ritchey assis sur les toilettes. Son bonheur est de courte durée car il réalise bientôt que Ritchey a fait sa crotte dans sa culotte avant d'aller s'installer nerveusement sur le trône. Il faut le laver sous la douche et les "mottons" ne passent pas dans le drain. Voir si ça a du bon sens! Un grand garçon de vingt-huit ans... Mais Ritchey n'a pas l'air de comprendre. Il est littéralement paralysé par la peur.

Serge a passé une bonne partie de la journée à placer et à déplacer son linge dans sa nouvelle chambre. Il faut dire qu'il a une peur bleue du chien et du chat! Il bouge continuellement, il s'affaire: c'est la parfaite caricature du moniteur d'institution. Lorsqu'il lave la vaisselle, il ne distingue pas le propre du sale. Il frotte un peu parce qu'il essaie d'imiter le geste, mais il ne tient pas compte de l'objectif à atteindre, de sorte qu'après lavage la vaisselle est encore aussi sale.

Jean-Louis semble être le cas le plus difficile. Il est brusque et ne tente aucune communication. Il n'a pas voulu sortir dehors comme les autres et n'a nullement contribué à la vaisselle. Il a peur et paraît menaçant. Il se referme sur lui-même.

Quand Justin ouvre les yeux au matin du deuxième jour, quelqu'un va et vient dans la cuisine. C'est Serge qui fait des toasts. Très bien, se dit Justin. Mais quand il ouvre la poubelle, il en trouve quatre qui n'ont seulement pas été beurrées. Serge fait des toasts parce que ça l'amuse, mais il n'a pas envie de les manger. Ne voulant surtout pas réprimer une initiative, Justin lui dit le plus doucement possible: "Il faut les manger…" Serge acquiesce immédiatement, mais à peine quelques minutes plus tard, Justin trouve encore d'autres toasts à la poubelle. Alors il observe que Serge ne sait pas se servir du grille-pain automatique. Il passe son temps à baisser et lever le levier. À un moment donné, ses toasts se mettent à brûler et il ne semble pas s'en apercevoir. La fumée commence à envahir la cuisine. Serge souffle sur la fumée et rabaisse le levier du grille-pain, et les toasts brûlent davantage. Finalement, Justin met fin au manège. Rome ne s'est pas bâtie en un jour.

Trois fois durant l'avant-midi, François essaie de fuguer par le chemin de la maison de ferme, mais les résidents sont avertis et ils le retournent à chaque essai. Vers onze heures trente, il était en avant du chalet - près de la porte - et quinze minutes plus tard Justin découvre qu'il a encore réussi à s'enfuir. Derrière le chalet il y a une piste isolée. Pas allongé, traces écartées. Justin la suit à travers bois pendant quarante minutes, tantôt marchant, tantôt courant. Il a son voyage. Il se demande ce qu'il va faire quand il le rejoindra. "Si c'était mon fils, jongle-t-il…"

François commençait à se fatiguer. Ses pas étaient plus courts et il glissait souvent sur le côté. Quand Justin le rejoint finalement, il le traite comme son propre fils… et lui chauffe les fesses.

Le lendemain pourtant, François fugue encore. Cette fois, Justin le poursuit en automobile et le retrouve à deux kilomètres de la ferme. Il n'a plus envie de chicaner; il n'a plus rien à dire.

Justin roule juste derrière lui et François ne s'arrête pas de marcher. Il est frêle cet enfant, mais il est droit. Justin roule à côté de lui et François marche encore, sans détourner les yeux, les mâchoires serrées, le visage tout rouge. Alors Justin baisse la vitre et dit: "Viens François, monte…" Et François monte.

Ils roulent en silence jusqu'à la ferme. C'est la dernière fois que François essaie de s'enfuir.

Tel que prévu, l'action ne manque pas. Jean-Louis arrache un rideau de douche et Denis se promène avec durant toute une soirée. François dévisse la porte des toilettes. Jean-Louis chie sur sa robe de chambre et Denis se promène avec un fil au bout duquel se balance une boulette de marde. Pendant que tous les autres sont partis dehors, Ritchey déplace tout dans le chalet: on retrouve ici et là les trois poubelles et le grille-pain, la cafetière dans une pile de draps, des boîtes de film dans le fourneau... Et quand Justin lui demande de ramasser son dégât, il le regarde sans comprendre. Mais il rit, c'est déjà quelque chose.

Justin commence à avoir l'impression d'être payé pour aimer ces enfants. Sa seule préoccupation consiste à leur permettre d'être, avant d'"être pour" les autres. C'est une préoccupation de tous les instants.

L'enfant qui se couche sale et tout habillé pense à soi, non pas à sa mère qui va laver les draps. Quand on le fait déshabiller et laver, on pense naturellement à soi et pas nécessairement à lui. Justin croyait qu'il était important de pouvoir lui laisser prendre ses propres décisions. Marcher pieds nus. S'asseoir par terre. S'asseoir tout croche. Manger avec son couteau. Se coucher après les repas. Se promener avec une botte dans un pied et rien dans l'autre... S'ils prennent la peine de le faire... car ils le font tous!

Ils viennent de se taper la moitié d'une caisse de biscuits mais François décide quand même de faire bouillir du macaroni. C'est plus fort que lui, la cuisine le fascine. Alors Justin prépare du steak haché pour accompagner le macaroni qui a fini de bouillir mais qui trempe encore dans l'eau - parce que c'est la première fois que François ose faire cuire quelque chose. À ses yeux - comme à ceux d'un sauvage ou d'un primitif - le poêle électrique a un aspect magique qui impose le respect. En institution, ce respect est d'autant plus cultivé car: "S'il fallait que les patients se mettent à cuisiner dans l'hôpital..."

Justin ajoute la moitié d'une boîte de soupe aux tomates à sa viande. Tout à coup Guy se précipite, ouvre la porte de l'armoire et saisit la passoire. Ce Guy n'est pas un imbécile. En riant nerveusement, il égoutte le macaroni dans la passoire puis le remet dans le chaudron et y ajoute l'autre moitié de la boîte de soupe aux tomates. Chapeau!

Même si elle a ses limites, la tolérance permet l'action. Mais de l'action à l'acquisition, il y a un pas que Justin voudrait permettre à sept gars de franchir. La vaisselle a été lavée, essuyée, et rangée dans l'armoire, seulement elle est encore toute crottée. Un jour, se dit-il, par le même processus, elle sera propre.

Pendant six repas d'affilée, François reprend sa recette de macaroni au fromage. Personne, sauf peut-être Justin, ne songe à s'en affliger et chacun mange avec appétit. Un soir enfin, comme il ne reste plus suffisamment de macaroni, le "cook" est obligé d'improviser. Il ajoute du riz à sa préparation et couronne le tout de fromage en tranches.

Un déficient mental, ce n'est pas comme un fou dans *Tintin*. Ça ne rigole pas. Ça ne court pas à gauche et à droite en faisant des jeux de mots qui n'ont ni rime ni raison. Ça essaie maladroitement de vivre comme du monde. Ça ne menace pas. Ça ne conteste pas. Quand on lui fout la paix, ça emprunte un chemin comme le macaroni aux tomates pour essayer de s'épanouir. C'est un enfant qui grandit dans une cage: sa déficience qui l'empêche d'accéder au monde normal. C'est aussi un enfant que nous mettons dans une cage: l'institution où il n'est pas libre de ses tentatives d'intégration.

Seul Jean-Louis résiste à la tentative de Justin d'ouvrir les portes pour leur donner accès à leurs mouvements. Il réagit très mal. Il barbouille les murs d'excréments. Mange malproprement. Refuse de sortir. Refuse de s'habiller. Refuse de se laver. Crie, crache, mord, frappe, casse des vitres.

Justin sait bien qu'il est intelligent et qu'il pourrait profiter de l'expérience au moins autant que les autres. Mais quelque chose l'empêche de se laisser aller. Il a trop peur. Le problème, c'est qu'il dérange et qu'il perturbe et qu'il cause un tas d'ennuis, qu'il faut toujours le garder à l'oeil et que ce sont les autres qui en souffrent. Alors, le 8 décembre, moins d'une semaine après son arrivée, Justin décide de retourner Jean-Louis à l'hôpital. Tant pis. On ne peut pas aider les gens contre leur gré. Il faudrait pouvoir prendre cet enfant à part et ne s'occuper que de lui. Et il faudrait pouvoir lui consacrer des montagnes de patience et de compréhension. Dans le contexte actuel, Justin n'a pas les moyens de tant investir sur un seul garçon. Salut Jean-Louis. Tant pis…

Les autres ont une base d'énergie, il ne suffit que de leur fournir les moyens de la mettre à contribution. Un matin, Justin est à gratter une table à café recouverte de vernis. Il demande à Guy qui l'observe de lui donner un coup de main.

Pendant quarante-cinq minutes, Guy travaille conscien-cieusement. Justin l'a laissé seul car il lui faut s'occuper de Claude dans les toilettes. Tout à coup, il entend le bruit d'un accessoire électrique. Il se précipite pour apercevoir Guy tout en joie, la ponceuse électrique en main, occupé à sabler la table à café. Cette ponceuse était remisée sur la troisième tablette de l'entrée et personne ne l'a utilisée depuis l'arrivée des patients. Certainement, Guy avait déjà travaillé avec une ponceuse ou avait vu quelqu'un d'autre le faire. De toute façon, il a perçu la situation et établit la relation. Il a fait preuve d'intelligence. Et rien qu'à regarder son expression, on voit qu'il vient de remporter une victoire.

Un soir au souper, pendant que Denis avale deux par deux quatorze tranches de pain et la moitié d'un pot de cornichons dont il boit ensuite le liquide, Ritchey fait face à un bien gros problème. Il brûle d'envie de manger la portion de ragoût placée devant lui, mais il n'a pas d'ustensiles. Il reste ainsi sans bouger pendant près de vingt minutes avant de se décider à aller chercher une cuillère. Trop tard cependant, car Claude vient de lui voler sa portion. Ritchey regarde tour à tour son assiette vide et le chaudron placé en évidence au bout de la table sans oser s'y servir. Pauvre chien trop bien dressé, il doit se contenter de manger les restants de pain quand tous les autres ont vidé le chaudron.

Le travail de Justin consiste à laisser faire. Tout le contraire d'un travail facile! En fait, il ne laisse pas tout faire. Il est l'adulte. Il ne tolère pas le gaspillage ni les bris. Pas de pain à la poubelle. Pas de vitres ou de portes de chambres cassées. Pas de gaspillage. Pas de bris. Il ne peut le tolérer. C'est plus fort que lui.

À part ça les enfants sont libres de leurs activités, libres de se coucher ou de se lever quand cela leur plaît. Libres d'entrer ou de sortir, mais pas libres de rester ou de partir. D'ailleurs, après les premiers jours, personne ne songe à se sauver.

Ils font n'importe quoi. Le plus souvent, ils s'activent dans la cuisine. Ils fouillent dans les armoires, les plus hardis font cuire quelque chose, les autres attendent les repas ou dévalisent le réfrigérateur. Certains ne quittent pas leur chambre. Certains ne font pas grand-chose. Mais ceux qui bougent apprennent déjà énormément. L'activité a du sens pour celui qui l'a choisie.

Les activités des enfants n'ont souvent de sens que pour les enfants. Cela ne devrait pas les rendre moins légitimes…

Parfois, Justin prépare de la nourriture pour tout le monde. Mais il lui arrive également de manger celle qu'ils ont cuisiné à leur manière. Comme eux, il est parfois obligé de compenser un mauvais repas par des beurrées de beurre d'arachide. Les caprices ne lui sont pas permis. Ce qu'il fait est trop important sur le plan de l'imitation. S'il met du lait en poudre dans son café, par exemple, ils en mettent également dans leur chocolat au lait qu'ils appellent "café".

Il y croit profondément à cet "apprentissage par la prise de conscience de l'individu". Vingt-quatre tas de marde en dix jours ne lui font pas perdre patience. Il a cherché trop longtemps comment ouvrir ces yeux et déboucher ces oreilles pour se laisser rebiffer par les premiers obstacles.

Une des grandes difficultés consiste à se conditionner à laisser agir sans intervenir. Il faut se rappeler souvent l'objectif et la façon de l'atteindre. Permettre une prise de conscience. Ne pas toujours s'interposer comme un adulte bien pensant est tenté de le faire devant leurs comportements irrationnels. Nous sommes reliés par notre sens moral à tout ce qui n'agit pas comme nous pensons qu'il est convenable de faire. Nous sommes sur des épines, anxieux, nerveux, toujours prêts à intervenir: "Tu vas mettre trop de sel! Tu vas te brûler! Ton assiette est sale! Prends ta cuillère, pas ta fourchette!…" Et bien sûr nous sommes culpabilisants. Fatigants! Serait-ce plus fort que nous?

Couché, Justin entend tous leurs bruits. À chaque souffle un peu plus sonore que les autres, il réagit. Il a envie d'intervenir. Il croyait avoir coupé le cordon ombilical et se rend compte qu'il existe toujours. Un peu plus long, sans doute…

On s'aperçoit vite que la cuisine a une grande importance pour eux. À des niveaux différents, ils y passent tous une bonne partie de la journée. Ritchey s'amuse avec des bols. Denis joue dans l'eau. Serge fait semblant de laver la vaisselle. Claude essuie et range dans les armoires. Guy se fait cuire quelque chose. François pèle ses carottes, fait la cuisine. N'importe quoi peut servir de matériel didactique dans une maison. Pourquoi pas les chaudrons, les ustensiles, les torchons, la nourriture? Si ça sert à l'apprentissage, les prises de courant? À un moment donné, dans le chalet, il y en a trois de cassées. Chaque prise coûte vingt-cinq cents. Ça a permis de déclencher le mécanisme de François vers des travaux plus importants comme dévisser des chaises, des portes, mais aussi les remettre en place. Et si cela pouvait servir à mettre en marche son processus de réhabilitation?

Tout, tout sans exception, sert à apprendre! Il est malheureux, en parlant de matériel didactique, de penser jouets, matériel éducatif, matériel scolaire, matériel d'atelier, équipement de sport. Il y a assez longtemps que les adultes s'amusent à créer du matériel de travail pour les enfants, pourquoi aujourd'hui, les enfants ne s'amuseraient-ils pas avec le matériel de travail des adultes?

Le soir, Justin prépare le lait en poudre dans un grand chaudron et les enfants en boivent régulièrement neuf litres par jour. Un soir, il décide de tenter une expérience et prépare du "lait bleu", c'est-à-dire de l'eau à peine colorée. Le lendemain, les enfants ne semblent pas faire la différence et à la fin de la journée, comme d'habitude, ils ont tout bu. Justin répète l'expérience le lendemain, mais les enfants n'y touchent plus. Ils sont capables de comprendre et d'agir, seulement cela ne paraît pas du premier coup. Ce fut la même réaction pour le chaudron d'orge que François avait assaisonné d'un kilogramme de sel. Ils n'ont pas voulu le manger. Même chose encore pour le jus d'orange bouilli et plusieurs autres expériences culinaires qui se soldèrent par un échec. Un jour, ils finiront par apprendre à laver la vaisselle comme du monde, se disait Justin. Cela s'applique à différentes situations. Lorsqu'il y a un dégât d'eau sur le plancher, il est d'abord tenté d'aller le ramasser quand il voit les gars marcher dedans, sans faire la distinction entre le sec et le mouillé, mais il doit se retenir et "laisser aller". Alors, invariablement, après un certain temps un des gars se décide à l'éponger - du moins à faire semblant -, soit Claude ou Serge. Il en est de même pour les copeaux de bois sur le plancher. Ces débris représentent la force des choses. Ils créent de l'action, de l'occupation, de l'emploi et peut-être même de la conscience. S'il faut attendre que les débris jonchent le plancher pour prendre conscience de l'action qu'on exerce sur le bois quand on passe l'après-midi à "échiffer" une bûche… Le climat est conditionné par l'agir: "Je suis, je peux me lever. Je peux manger. Je peux jouer dans l'eau. Je peux boire à même le pot. Je peux prendre des outils, je suis chez-moi. C'est ma maison, mon linge, ma nourriture…"

Ils semblent heureux. Mais ils sont un peu perdus dans une aussi grande et aussi soudaine liberté. Ils ont toujours l'air d'attendre qu'on leur dise: "Va te coucher. C'est le temps de manger. Touche pas à ça!...", car lorsqu'ils touchent à quelque chose, ils regardent toujours Justin. Mais il fait semblant de ne pas les voir.

De prime abord, il aurait préféré que chacun agisse pour soi. Que chaque patient se débrouille entièrement seul. Il avait compté sans les relations interpersonnelles dans lesquelles quiconque peut aller puiser pour se valoriser aux yeux des autres. Serge qui fait des toasts pour tout le monde. Claude qui fait semblant de donner des ordres, François ou Guy qui font la cuisine...

Le défi est grand de vivre vingt-quatre heures par jour durant trois mois seul avec des gars qui n'ont pas de langage, peu de corporalité et peu de conceptualisation. Mais il est tellement convaincu d'être sur la bonne voie qu'il met tout en oeuvre pour réussir. Il ne doit pas faillir. Il se doit d'"être" avant d'"être pour" les enfants. Pour tenir le coup, il se dit que son corps doit être en santé. Il prend une douche froide tous les matins. Il ne fume pas, ne boit pas d'alcool. Et certains soirs, il s'ennuie de sa femme. Mais il ne veut rien avoir à expliquer à quiconque, à part ce qui a trait à ces sept patients. Mieux vaut ne pas sortir durant trois mois et ne pas risquer de tout compromettre. N'empêche que c'est tout un contrat et qu'il a besoin de toute sa tête à tous les moments.

Le matin quand il est sous la douche froide, il lui arrive de penser aux pères qui se flagellaient pour dompter leur corps. Il semble pratiquer une sorte d'ascétisme ou de masochisme mais en fait, il ne s'est jamais senti si libre et si léger auparavant. Tout ce à quoi on tient constitue une entrave à notre liberté. Pour se sentir léger, il faut pouvoir se libérer du fardeau de nos habitudes, de nos manies, de nos possessions. Il faut jeter du lest. Plus on en abandonne et plus le ballon monte haut.

Le plus difficile pour lui, c'est encore de sentir le contexte social, la lourdeur, le poids de la propreté, de l'ordre, du bien paraître. Il travaille à rebours. Dans le chalet de Terre des Jeunes, c'est le désordre pour l'ordre. La malpropreté pour la propreté, la désorganisation pour l'organisation, l'inacceptable pour l'acceptable.

Autrefois, les vieux se mettaient le pied dans un cataplasme de bouses de vaches pour guérir je ne me souviens plus quel bobo. Dans son chalet avec ses sept fous, Justin se sent un peu comme le médecin qui vient de découvrir que le cancer se guérit en enduisant son corps d'excréments de vaches... Il a besoin, le bon médecin, de posséder des arguments de taille avant de convaincre le monde civilisé d'utiliser sa méthode.

Il est à contre-courant. Il n'est pas de son temps. Avec ses idées de laisser la liberté aux fous, c'est un anarchiste! Il a besoin de faire la preuve, le bon Justin. Il y a des gens qui préféreraient mourir du cancer plutôt que...

Mais la preuve n'est pas encore faite. On ne défait pas en trois mois quinze années de non-réflexes conditionnés. Les enfants bougent beaucoup, il y a énormément d'action, mais la preuve n'est pas encore faite. Il va falloir des témoins oculaires. Seul, Justin sera vulnérable, sans défense. Au moindre incident d'importance, on pourrait mettre sa parole en doute. Il filme les enfants le plus possible. Mais il faudra aussi des personnes de l'extérieur pour défendre le projet. Ces personnes pourraient bien être le docteur Louise Brochu, la travailleuse sociale Louise Dionne ou encore le président de la Corporation, André Primeau. Mieux vaut avoir le plus grand nombre de témoins oculaires possible. Il faudrait que toutes les personnes de l'hôpital que la chose intéresse puissent venir passer une journée. Une heure, ce n'est pas suffisant. On ne voit rien ou on voit mal. Il faut le vivre un peu. Il faut prendre le temps de regarder les enfants, d'entendre fonctionner leur moteur.

Mais la visite a aussi ses inconvénients, surtout quand les nouveaux visages sont nombreux. Un matin arrive un groupe de onze jeunes du secondaire V sous la direction de trois moniteurs de pastorale. Dans le cadre de je ne sais plus quoi, ils viennent faire le ménage du chalet. C'est bien gentil, mais leur présence énerve les enfants. Quatorze nouveaux visages, dans un espace restreint, avec sept gars qui ne sont jamais sûrs de rien, ça risque de provoquer des complications.

Le ménage avance bon train et Justin essaie de faire participer les enfants autant que possible en se disant que toute situation peut être positive. Pourtant quelque chose ne va pas. Plus le ménage avance et plus ça sent la marde.

Il demande:

— As-tu fait caca, Claude?

— Non! Non, pas caca!... Non!, s'empresse de répondre Claude.

Mais l'odeur est si persistante que Justin met sa parole en doute, et vérifie. Effectivement, le fond de sa culotte est sombre et l'odeur qui s'en dégage ne laisse planer aucun doute.

On passe à la toilette où Justin lui essuie les fesses. Comme Ritchey sort de la douche et que Claude aime bien l'imiter quelquefois, Justin lui demande de prendre sa douche lui aussi, tout en sachant fort bien qu'il a peur de le faire. Là-dessus, il le laisse seul.

Quinze, vingt, trente minutes s'écoulent avant que Justin lui rappelle de prendre sa douche.

— Oui, oui, mon'oncle!, acquiesce l'autre sans bouger d'un pouce.

Il est appuyé sur le comptoir de l'évier. Ça sent la marde à plein nez. Il y a des boules de marde sur le plancher et Claude en a plein les doigts. Il y a également de longues traînées sur le comptoir où il a essayé de s'essuyer les mains. En s'approchant, Justin découvre qu'il en a aussi sur le ventre et le long des cuisses. C'est écoeurant!

—Claude, ta douche!

Il discute comme d'habitude, parle d'autre chose...

— Manger, mon'oncle?... Dehors, mon'oncle?... Nyse, mon'oncle?... Nyse? (Denise)...

Justin s'impatiente, l'accroche par les cheveux et le tire vers la douche.

— Ça suffit, ta maudite marde. Ta douche!

Il vient de commettre une erreur. Claude a peur...

— Chaud, chaud, mon'oncle!

— Non.

Justin ajuste la douche et lui fait toucher l'eau. Claude entre sans hésiter et Justin le laisse tremper pendant qu'il essuie les toilettes.

Ça sent encore. Justin lave Claude de la tête aux pieds. Pour une fois, il coopère beaucoup. Savon en main, il dit en exécutant maladroitement: "Fesses, mon'oncle... Jambes, mon'oncle... Bras... Main..."

Ça sent toujours. En examinant de plus près les lieux, Justin finit par découvrir des boules dans le rail de la porte d'armoire. Il les ramasse et fait glisser la porte. Un tas, deux tas, des boulettes dans l'armoire sous les éviers!

— Claude, viens ici. Je n'ai pas envie de rire !

Et il le commande sans brusquer, sans se fâcher. Pour la première fois, Claude ne cherche pas la diversion. Il sait très bien que sa cachette a été découverte. Il sait aussi qui doit ramasser ce dégât puant.

— Non. Pas avec tes mains. Prends du papier... C'est ça.

Il faut être là, vivre avec eux et être confronté à leurs difficultés, pour être en mesure de cerner leur "maladie". Il faut peut-être aussi les laisser cacher la marde dans les armoires pour avoir la certitude qu'ils ont pleinement conscience de ce qui ne va pas. Mais qui pourra jamais partager leur impuissance? D'ailleurs, ça servirait à quoi?

Une heure plus tard, Justin observe que François n'a pas l'air de se sentir bien. Il se promène, tourne autour des boîtes de nourriture. Il y a un gâteau bien en évidence sur le dessus de la caisse mais il sait qu'il est interdit d'y toucher. Lui qui raffole des sucreries...

Il part travailler à sa bûche. Tout le monde est assis dans la salle de séjour à jaser en finissant de boire un café. Mais François ne partage pas leur quiétude et frappe très fort sur sa bûche de sorte qu'au bout d'un moment, tout le monde a les yeux braqués sur lui. Il donne des coups de pied, des coups de maillet très fort sur son tournevis. Ça tourne à la catastrophe.

Justin va le chercher, l'entoure doucement, affectueusement de son bras et lui dit: "Viens, on va aller dans ta chambre...".

François n'oppose aucune résistance si ce n'est de donner un dernier coup de pied en passant devant un des visiteurs.

Rendu à la chambre, Justin ferme la porte pour plus d'intimité, et lui dit doucement:

— François a de la peine...

Il est couché, recroquevillé comme un foetus. Justin lui flatte le dos en répétant doucement sa phrase.

— Peine..., dit François, et il éclate en sanglots.

Il pleure abondamment pendant près d'une minute. Son corps est très chaud. Il bloque comme quelqu'un qui refoule ses sentiments.

— François a de la peine...

François refoule et ne sait pas comment expliquer sa peine. Ça éclate n'importe comment, n'importe où, maladroitement, souvent bêtement. Beaucoup de ces enfants ne rient jamais, ne pleurent jamais. C'est grave...

Justin sort chercher sa tasse de café et en rapporte une pour François. Il a envie de boire son café tranquillement, retiré, avec François qui a de la peine. Il en a lui aussi.

Quand il ressort au bout d'une vingtaine de minutes, François lui amboîte le pas. C'est fini. Il est entré dans sa chambre en crise et en ressort un café à la main. Les visiteurs ne comprennent pas, mais ils n'ont pas à comprendre. Justin n'a rien à leur expliquer. François a le droit à sa vie privée.

TROISIÈME PARTIE

I

Entre la fenêtre et le poêle à bois de la salle de séjour, un grand blond est assis sur une chaise droite dont le siège de corde tressée s'enfonce dangereusement. Il a l'air songeur. Penché, les coudes sur ses genoux, il "échiffe" nerveusement un petit bout de bois. On dirait qu'un peu de confusion teinte ses joues de rose et que dans ses yeux pâles, une question se pose. Il est, la question mise à part, comme un animal sauvage s'adonnant à une tâche familière, et ne semble pas s'apercevoir que nous l'observons à la dérobée.

Autour de lui, pourtant, les autres vont et viennent mais il ne leur accorde aucune attention. Il est visiblement préoccupé. La chose à laquelle il réfléchit l'occupe tout entier. Ce qui lui donne un air étrange, c'est justement la manière dont il est absorbé, et il inspire la même inquiétude que cet homme assis dans le métro qui ne s'aperçoit pas que vous le fixez depuis cinq minutes tant il est absorbé, et qui soudain, dans un même sursaut, découvre avec étonnement que vous le regardez et qu'il est arrivé à destination. Il fuit votre regard, se précipite hors du wagon et s'en va d'un pas hâtif vers la sortie. Le train redémarre et vous le dépassez juste avant qu'il n'atteigne les escaliers. Dans un éclair, vous voyez ses lèvres bouger, mais il est seul et ne s'adresse visiblement à personne.

De deux choses l'une. Ou vous vous dites qu'il est fou et prenez le parti d'en rire et puis de ne plus y penser, ou bien vous vous laissez emporter par votre imagination et brodez autour de ce passant toute une histoire. Dans l'un et l'autre cas, l'apparition vous a troublé. Si vous choisissez de le juger "fou", vous vous débarrassez du besoin de chercher la cause de son inquiétude. Mais si vous présumez qu'il s'agit simplement d'un pauvre type aux prises avec un gros problème, son cas devient intéressant.

Sur sa chaise, le grand blond pouffe de rire. Mais il ne semble pas s'en rendre compte et redisparaît aussitôt dans ses pensées. Une quelconque association d'idées aura sans doute déclenché le mécanisme du rire. À mieux le regarder, il est comme attentif à quelque chose qui se passe à son insu. Tellement attentif que tout se passe à son insu. Une fibre du bois résiste sous ses ongles; il porte le morceau à sa bouche, arrache la fibre avec ses dents, crache, et recommence à enfoncer ses ongles dedans. Il agit machinalement, comme on fume cigarette après cigarette, en réfléchissant.

Il fait ça depuis plus de deux heures. Hier, c'était pareil. Et les jours précédents aussi. Il se lève de temps en temps pour se rendre à la toilette ou pour aller manger. Il ne fait pas dans sa culotte, mange et se sert seul, et proprement. Il ne semble pas souffrir de troubles de coordination physique. En fait, il a plutôt l'air en santé, physiquement. Il paraît jeune pour ses vingt-huit ans, mais pas trop. Assis comme ça, il n'a pas l'air idiot: simplement très préoccupé. C'est à la longue, à force de ne le voir jamais changer d'attitude, qu'on se pose des questions.

Il se prénomme Marc. Il est arrivé à Terre des Jeunes le 6 janvier 1976, pour remplacer Jean-Louis. Il venait lui aussi du sous-secteur #7.

Le premier jour, il semblait perdu et inquiet: il passe la journée à explorer craintivement les murs, les vitres, les portes, sans jamais s'aventurer trop loin dans les chambres. Au repas, il n'ose se servir.Heureusement, Claude et François lui passent leurs restants. Il bouffe spaghetti après spaghetti, orge, pain, etc. Il est défoncé.

On s'aperçoit bientôt qu'il est timide et craintif. On est bien forcé d'observer qu'il semble se complaire dans son isolement quasi hermétique. Essentiellement, Marc n'est pas du genre qui conteste, et s'il vit en retrait, il le fait sans agressivité. Au contraire, il serait même plutôt docile.

Le septième larron était donc un être démuni au fond duquel on soupçonnait la patiente ébullition des laves d'un volcan. Ce n'était qu'une impression, comme le calme lorsqu'il paraît suspect. Il ne demandait pas à boire, il avançait sa tasse en signe d'imploration. Quelle solide carapace il devait avoir contre le désespoir! À sa place, nous aurions explosé depuis longtemps. Nous n'avons pas facilement accès à cette espèce d'engourdissement oriental qui amortit presque complètement le choc de la réalité, lorsqu'elle n'est pas favorable.

Mais s'il était protégé contre son mal intérieur, Marc ne semblait nullement équipé pour résister aux pressions exercées de l'extérieur. N'importe qui pouvait le faire tomber de selle. N'importe qui pouvait lui faire exécuter n'importe quoi. Il avait peur de tout. Il ne percevait pas la possibilité de choisir et de s'affirmer quand elle se présentait. Quand on lui demandait: "Viens-tu dehors?", il comprenait: "Viens dehors!" Face à autrui comme à n'importe quoi, il demeurait celui qui doit subir. C'est sans doute pourquoi il semblait si attentif à sa vie intérieure.

Au bout de quelques jours, il semble avoir repris un peu confiance. Il va et vient derrière les autres en observant leurs gestes. Il commence à se servir seul à table et porte même son assiette à l'évier. Justin se dit alors qu'une fois sa peur dissipée, Marc devrait fonctionner très bien. Allez-y voir!

Il n'aura fallu à Claude que cinq jours pour percevoir chez le nouveau venu cet abandon devant autrui, et se mettre à exploiter le filon pour son propre profit. Le 11 janvier commence leur relation. Une relation qui deviendra bientôt tyrannique et cruelle et qui prend ses racines dans la peur, la frustration. Et le besoin de s'affirmer de l'un aboutira à la libération de l'autre.

Ce fut d'abord comme si Claude allait avoir sur lui une influence bénéfique. Il le guidait comme un petit enfant: fais ceci ou cela, viens ici, va là, etc. Il le faisait bouger, et comme Marc obéissait au doigt et à l'oeil, on conclut qu'ils s'entendaient très bien.

Claude lui enseigne à faire du jus d'orange. À noter que l'enseignement est non seulement magistral mais extrêmement autoritaire. Sous les ordres de Claude, Marc fabrique jus d'orange sur jus d'orange. Claude est bon prof et Marc, bon élève. Mais Claude a une méthode dispendieuse: il fait remplir la moitié d'une tasse de cristaux, puis fait ouvrir le robinet assez fort et assez longtemps pour que le mélange s'effectue à la fois dans la tasse et dans l'évier.

Au bout de quelques jours, toujours sous l'influence du bon Claude, Marc apprend à laver la vaisselle. On commence à se rendre compte que Claude se contente de donner des ordres, laissant à Marc les plaisirs de l'exécution.

Mais les inquiétudes se dissipent quand il commence à entraîner Marc à l'extérieur pour pelleter. Enfin, Claude agit lui aussi. Décidément, se dit-on, cette influence sera bénéfique. Ils observent un certain rituel sans cesse répété. Claude ordonne "Va dehors" et envoie Marc chercher leurs deux manteaux. Celui-ci s'habille et habille Claude qui a de la difficulté à revêtir son coupe-vent. Il doit également lui attacher ses bottes. Ils sortent. Ils pelletent pendant quelques minutes une espèce de chemin qui se dessine peu à peu et semble se diriger vers l'étable. Puis Claude dit: "Café" et ils reviennent au chalet. Plantent leurs pelles dans le banc de neige et entrent. Claude se fait déshabiller et Marc garde ses vêtements. Ils se rendent à la cuisine où Claude ordonne à Marc de préparer le café. Il s'agit en fait d'un chocolat chaud ou simplement d'une tasse d'eau colorée avec le premier élément disponible. Ils boivent, et Claude décide de retourner dehors.

Durant la journée du 16 janvier 1976, ils sont ainsi sortis trente-cinq fois. Et ils ont maintenu ce rythme pendant tout près d'un mois! Faut croire qu'ils aiment ça, se disait-on. Ce n'était pas nécessairement le cas.

Vers la fin de janvier, Marc commence à hurler la nuit. Depuis une semaine, Claude le fait changer de chambre et couche dans le lit - sec - de Marc après l'avoir envoyé dormir dans son lit à lui - mouillé évidemment. C'est vers cette époque que Marc commence à "échiffer" des morceaux de bois. Depuis quelques jours, Claude s'amusait à lancer des bâtons et à l'envoyer les chercher. Il pouvait exiger que Marc fasse ainsi le bon Labrador pendant des heures, sans prendre de repos.

Dans la nuit du 30 janvier, Marc crie, hurle, rit et pleure presque sans arrêt. Justin se demande si ce n'est pas une forme de vocalises...

Le lendemain, il assiste à une scène qui lui ouvre les yeux. Ils sont dans la cuisine. Claude commande à Marc de lui servir un café. Marc ne veut pas, mais Claude insiste. La poignée de la cafetière est brûlante. En hurlant, Marc verse le café. Il reporte la cafetière, et Claude lui indique sur quelle chaise s'asseoir et quelle jambe croiser.

Marc est devenu le corps de Claude. C'en est au point que lorsque Justin demande à Claude de se laver les mains, celui-ci fait laver les mains de Marc à la place et revient tout fier de son coup en disant: "C'est beau ça, mon oncle?" Lorsque Justin demande: "Claude, va serrer ton manteau", Claude envoie

Marc exécuter l'ordre et revient en tendant la main pour se faire féliciter comme si c'était lui qui avait obéit.

Pour Claude, donner des ordres est très valorisant. Durant les dix années qu'il a passées à Rivière-des-Prairies, il a eu amplement le temps d'observer que seuls les moniteurs - les demi-dieux - pouvaient le faire. Or s'il réussissait lui aussi à se faire obéir de Marc, il devenait à la fois supérieur à Marc et - croyait-il - l'égal des moniteurs. Il n'avait pas le sens de la mesure. Tout à sa joie de s'affirmer, il exagérait et transformait en enfer la vie du pauvre Marc.

C'était une magnifique découverte. Ainsi donc, il pouvait faire bouger les êtres à distance, simplement parce qu'il le désirait. L'homme qui inventa le premier moteur n'a pas dû ressentir plus de satisfaction que Claude lorsqu'il découvrit sa puissance. Cela avait débuté quelques semaines avant l'arrivée de Marc, autour de la table, à l'heure des repas. Il avait pris l'initiative de placer les gars, et ceux-ci s'étaient laissés faire. Il s'était enhardi et avait pris sur lui de distribuer les aliments. Bientôt, il sut distinguer les plus faibles des plus forts. François et Guy refusaient fréquemment de se laisser mener par lui. Mais Ritchey et Denis, les deux plus inhibés, les toujours affamés, dévoraient volontiers les morceaux qu'il leur octroyait. Comme ils ne se sentaient pas la force de prendre leurs propres initiatives, ils étaient bien contents d'avoir quelqu'un qui leur dise où s'asseoir et quoi manger.

Jusqu'à l'arrivée du grand Marc, Claude ne manifesta sa supériorité que durant les repas. Mais ce grand blond inquiet et renfermé, ce nouveau venu représentait l'occasion idéale. Chaque fois qu'arrive un nouveau dans un groupe d'humains, quelqu'un s'empresse de le prendre en main. On remarque aussi que ce quelqu'un n'est généralement pas la figure dominante du groupe mais plutôt un membre plus ou moins inférieur, en proie à une certaine frustration, et qui ressent vivement le besoin de se valoriser. Pour ce genre de personne, le nouvel arrivant est l'occasion rêvée de se mettre en valeur. Elles se précipitent sur lui avec un air faussement désintéressé et s'empressent de le mettre au courant des diverses particularités du groupe. L'ignorance du nouvel arrivant leur donne l'impression d'être plus savants qu'ils ne sont en réalité. Au royaume des aveugles, dit-on, les borgnes sont rois.

Parce qu'il ne lui était jamais venu à l'idée qu'il pouvait ne pas avoir à subir les contraintes imposées par autrui, Marc était véritablement bloqué dans son apprentissage. Apatride, il avait été toute sa vie à la charge de l'État. Il avait toujours fait partie du troupeau que les supérieurs menaient de gauche à droite, du matin jusqu'au soir. Cet état d'inférieur, d'obligé, était le seul qu'il ait jamais connu. Dans son esprit, il y avait deux races de gens: les supérieurs et ceux de son espèce à lui. Il n'avait jamais eu l'occasion de prendre une décision. Cela ne faisait sans doute pas partie de ses attributions. Il était pourtant plus adroit que Claude et serait sans doute mieux parvenu que lui à se débrouiller s'il avait seulement perçu en lui l'indice d'une faculté. Mais il était né Nègre et esclave. Et tout ce qu'il avait vu de la vie, en vingt-huit années d'existence, se rapportait sans exception à la conception qu'on lui avait imposée. Il y avait les Blancs - les moniteurs, les spécialistes, les docteurs; les supérieurs - et les Noirs - les déficients, les malades, les fous; les inférieurs. Bien entendu, les supérieurs prenaient les décisions. Les supérieurs savaient. Et les inférieurs faisaient ce qu'on leur disait. Ils ne savaient pas d'où vient la nourriture: les supérieurs savaient. Et ils en apportaient aux inférieurs. Ils étaient bons. Parfois, les inférieurs avaient encore faim, mais les supérieurs disaient non. Alors, au repas suivant, les inférieurs étaient reconnaissants.

Claude n'avait pas l'air d'un supérieur, mais il donnait des ordres. Quant à Justin qui avait l'apparence d'un vrai supérieur, il ne donnait presque jamais d'ordres. Alors Marc obéit à Claude puisqu'il fallait bien obéir à quelqu'un. Personne ne lui avait jamais demandé de comprendre pourquoi on le faisait tourner à droite, plutôt qu'à gauche. Alors Marc n'avait jamais essayé de comprendre. Il se bornait à faire ce qu'on lui demandait, autant que possible, et attendait la suite. Il y a une différence entre un exécutant et un collaborateur. Mais Marc était exécutant.

S'il avait été élevé dans un esprit de véritable collaboration, Marc aurait sans doute pu développer un peu de discernement. Et confronté à Claude, il aurait pu percevoir l'absurdité de certains commandements. Mais il avait grandi exécutant, et l'absurde était pour lui un phénomène courant. Tous les exécutants du monde réagissent de la même manière: une fois qu'ils ont accepté leur statut d'exécutant, ils renoncent - au moins durant les heures d'exécution - à leur cerveau. Ils n'ont pas à comprendre pourquoi on leur demande d'attaquer tel ennemi, ni pourquoi ils doivent se mettre à l'attention. C'est la consigne.

La routine est-elle organisée d'une façon qui leur paraît absurde? Ils s'en sacrent. Ils font ce qu'on leur dit et prennent leur paie à la fin de la semaine.

Marc n'avait pas à se vendre car il n'avait même jamais eu l'impression de s'appartenir. Il se considérait sans doute comme une valeur négligeable et devait s'estimer chanceux d'avoir des supérieurs capables de pourvoir à ses besoins de base. Effectivement, quand on est déficient, on dépend de la charité d'autrui. Mais il y a la manière! C'est à croire que les charitables se complaisent dans leur rôle et tiennent mordicus à garder leurs protégés dans la plus totale dépendance, un peu comme si cet état de chose flattait leur vanité de généreux bienfaiteurs. J'ajouterais qu'un nombre déconcertant de parents se comportent de la même façon avec leurs enfants, pour les mêmes raisons idiotes.

Marc était beaucoup plus inhibé qu'imbécile. C'est pourquoi Claude parvenait à lui faire exécuter tellement de choses. Mais il exagérait. Il se grisait de sa propre puissance et ne possédait pas sur sa propre volonté le contrôle qu'il pouvait exercer sur Marc. Il avait été élevé lui aussi dans le contexte des supérieurs/inférieurs sans jamais avoir à comprendre le pourquoi des ordres. Il procédait par pure imitation. Son raisonnement, quoique basé sur une juste observation, était profondément absurde. Il consistait à établir: "Les supérieurs commandent, je commande, donc je suis supérieur" un peu comme on dirait: "La banane est jaune, le mur est jaune, donc la banane est mûre."

Comme il continuait à se sentir inférieur aux autres, Claude avait tendance à s'attacher davantage à Marc. C'était le même processus que quand Jules se retirait dans son monde imaginaire pour fuir la réalité qui le disgraciait. Claude s'acharnait sur Marc dans la mesure où il était incapable de se prendre lui-même en main. Ainsi, d'une certaine manière, la liberté de Marc dépendait directement du système intestinal de Claude. Lorsque celui-ci s'échappait dans sa culotte - ce qui lui arrivait régulièrement - il ressentait le besoin de compenser son sentiment d'impuissance (face à sa marde) en exerçant un sévère contrôle sur Marc. C'était un cercle absolument vicieux puisque tous deux y perdaient leur chance d'améliorer leur condition.

Heureusement, il y a une limite à tout. Marc ne parvenait pas à comprendre exactement ce qui ne tournait pas rond, mais il ne pouvait pas manquer de ressentir le malaise correspondant. Il avait toujours été commandé et avait toujours obéi. Mais quelque chose n'était plus comme avant. Il se sentait particulièrement opprimé et n'avait pas la force de résister à autant de pression bien longtemps. Personne n'avait jamais tant exigé de lui. Bien au contraire, son existence passée était plutôt basée sur le non-agir. Pendant vingt-huit années, on lui avait principalement demandé de se tenir tranquille. Et voilà que quelqu'un passait son temps à lui commander des actions. Cela lui paraissait absurde, impossible. Il était un inférieur, un faible: il n'avait pas la force de ceux qui agissent. Il se produisit en lui une espèce d'affolement semblable à celui du petit manufacturier qui ne peut plus répondre à la demande sans cesse grandissante des consommateurs. Plus Claude exigeait de lui et plus Marc prenait conscience de sa propre faiblesse et celle-ci, confrontée aux exigences de Claude, se transformait en énergie.

C'était de l'énergie pure. De l'énergie libre et sauvage, exactement l'énergie du désespoir, et Marc ne parvenait pas à la mettre au service de son tyran. La chimie de l'extrême est difficile à maîtriser, c'est pourquoi les gens sensés préfèrent ne pas aller jusque là. Mais Claude n'était pas sensé et sa folle ambition risquait de provoquer une formidable explosion.

La première crise eut lieu le lendemain de l'épisode de la cafetière. Sans avertir, le bouchon saute et la vapeur jaillit. Après s'être fait commander encore pendant toute la journée, Marc réagit soudainement. Il lance sur le plancher toute la vaisselle que Claude essaie de lui faire laver. Justin entend le bruit et se précipite. Plusieurs tasses et soucoupes gisent sur le plancher, cassées. Claude accuse immédiatement son souffre-douleur qui tend docilement la main, résigné, comme pour se faire taper. La table est inondée d'eau chocolatée. Justin ne se fâche pas, il ne tape pas Marc mais demande de ramasser le dégât. Le lendemain, le rituel reprend de plus belle. Entrées, cafés, sorties, entrées, cafés... Une trentaine de fois. Deux jours plus tard, Marc casse deux vitres.

Cela se passe toujours de la même manière. Claude le commande excessivement, Marc s'énerve, la tension monte et tout à coup, crac! Il lance sa botte dans la vitre. L'instant d'après, il est terrorisé et tend la main pour recevoir sa punition. Il est incapable d'opposer un refus à Claude. Il subit les contraintes et accumule la frustration jusqu'à l'extrême limite. Ensuite, ça explose et ça se passe tellement rapidement qu'il est absolument incapable de revendiquer le geste qu'il vient lui-même de poser.

À la longue, un tableau se dessine. Justin observe la relation entre l'influence de Claude et les bris. Avec le temps, Marc réagit de plus en plus rapidement. Ainsi, il lui a fallu endurer Claude durant vingt-trois jours avant d'avoir sa première réaction. Dix jours plus tard, nouvelle révolte brève. Puis après cinq jours, il explose encore. Trois jours... les réactions se rapprochent de plus en plus. Marc supporte de moins en moins la tyrannie de Claude. Mais il n'ose pas encore diriger son agressivité contre lui. Il casse des assiettes, des vitres, il frappe sur des accessoires plutôt que sur l'accessoiriste. Je suis fâché contre ma femme, mais je frappe mon chien... En fait, il lui faudra soixante-treize jours supplémentaires avant de frapper Claude directement. Trois jours plus tard, il recommencera et lui administrera alors une solide raclée qui le libèrera enfin de son tyran.

Personne ne sait comment la crise a commencé. Justin a entendu le bruit, les cris, et lorsqu'il est arrivé il a vu Marc sur Claude. À coups de pieds et de poings, Marc frappait et frappait. Ensuite, il s'est mis à pleurer. Justin n'a rien dit, rien fait.

C'était très émouvant et difficile à expliquer. Durant les heures qui suivent, Marc demeure très tendu. Il bouge et sautille, incapable de tenir en place, et lève sans cesse le poing vers Claude comme pour le frapper. C'est la révolution, purement et simplement. Et Claude s'en tire à bon compte: on a vu des tyrans se faire décapiter...

Durant les semaines qui vont suivre, Marc ne sera pas long à s'emporter et frappera quiconque essaie de lui donner des ordres. Un jeune campeur l'apprend à ses dépens.

L'expérience est à double tranchant. Si d'une part, Marc a découvert qu'il pouvait se libérer de la contrainte exercée par autrui, il lui a fallu d'autre part endurer cette contrainte pendant assez longtemps pour le dégoûter peut-être à tout jamais des relations humaines. Chose certaine, quinze mois après son arrivée, Marc ne tente aucun rapprochement et ne semble pas envoyer de message. Cantonné dans son indifférence tranquille, il ne bouge que pour les choses qui ont du sens pour lui: manger, dormir, se soulager...

Lorsque Justin regarde Claude tout en joie parce qu'il prend un café avec l'adulte, ou Serge qui quémande des cigarettes aux visiteurs, ou même François qui prépare ses petits plats, il conclut que ces enfants désirent s'associer à nous - la société - à travers des gestes sociaux comme le café, la cigarette ou la nourriture. Lorsque Claude ou Serge demandent à se faire féliciter après chaque action accomplie, il considère qu'ils ont besoin de son approbation pour se sentir "intégrés". Selon lui, les déficients tendent vers l'intégration, la désirent profondément.

Que dire alors du comportement du grand Marc? Celui-ci ne manifeste aucun désir de se sociabiliser. Il ne se précipite pas pour prendre le café: il boit lorsqu'il a soif. Il ne demande aucune approbation ni félicitation pour les gestes qu'il accomplit: c'est comme s'il les trouvait tout à fait naturels - ce qu'ils sont d'ailleurs. Mais lui, ce grand garçon de vingt-huit ans qui passe ses journées à enfoncer ses ongles dans des morceaux de bois, seul dans son coin et comme hypnotisé, lui n'a pas l'air normal du tout.

Ce qu'il y a de remarquable, c'est qu'on rencontre sur la rue des gens qui lui ressemblent étonnamment. Des citoyens repliés sur eux-mêmes, paralysés par une excessive timidité, des gens désabusés qui, semble-t-il, n'aspirent à rien et ne désirent rien faire. Des gens qui n'ont rien à dire, ni pour ni contre, des gens à qui l'on trouve généralement peu d'intérêt et qui n'en attendent pas moins de notre part. Quelques menus détails mis à part, Marc pourrait être l'un d'eux. Il est continent et autonome jusqu'à un certain point. Le reste pourrait être une question de confiance en soi et d'habitude. On pourrait sans doute le rencontrer dans l'autobus s'il arrivait seulement à éprouver l'envie de se rendre quelque part.

Ce qui le trahit, c'est sa peur. Sa peur qui lui fait esquisser un geste de recul et de protection dès qu'on s'approche trop rapidement, sa peur qui le fait objet devant les désirs d'autrui. Objet au point de ramasser 1920 fois en huit heures le bout de bois que Claude lance et lui envoie chercher. Ce jour-là, c'est Justin qui a mis fin au "jeu" avant que Marc ne craque.

Le 15 avril, Justin écrit: *Rien de spécial. Il va dehors un peu et revient passer le reste de la journée sur sa chaise. Il a l'air d'un mystique en méditation.*

Effectivement, Marc ressemble souvent à un mystique dont l'esprit plane quelque part pendant que le corps gît, abandonné sur terre. Mais je ne pense pas qu'un gourou soit détaché à ce point.

À l'arrivée des beaux jours, il quitte sa chaise et passe de longues heures assis en indien dans la forêt. Cherche-t-il la paix ou le vide? En tout cas, il se fait littéralement manger par les moustiques.

Mais il n'a pas encore compris qu'il lui serait possible de s'intégrer à quelque chose de plus vivant. Il ne s'est pas vraiment libéré du concept inférieur/supérieur. Depuis que Claude a cessé de le commander, il attend que quelqu'un vienne le remplacer. D'ici là, il demeure inférieur. Mais inférieur à qui? Personne ne le commande plus.

Il en perd la notion d'exister.

Il ne s'agit donc plus, comme pour François, de lui foutre la paix pour qu'il se mette à bouger. Il faut faire davantage, l'approcher et gagner sa confiance, pour l'amener ensuite à risquer derrière nous quelques pas dans le monde.

Ces quelques pas, il peut ne jamais décider de les faire. Le terrain est glissant. Comme le prétend Justin, c'est par l'agir qu'un homme se réalise. Mais comme le démontre Marc, agir requiert un minimum de force. Il est complètement vidé.

Ses yeux ne voient pas la possibilité qui s'offre à lui. Ses oreilles n'entendent pas notre message et sa bouche n'émet pas les siens. Ses mains ne saisissent pas les occasions. Ses pieds ne le mènent pas vers la liberté. Tout son mécanisme gît inerte car le moteur ne fonctionne pas: il n'y a plus d'énergie dans sa batterie. Ce qu'il lui faut maintenant, c'est du temps pour accumuler de l'énergie.

II

Je téléphonais tout à l'heure au ministère des Terres et Forêts pour obtenir une information concernant les terres qui sont sous juridiction gouvernementale. Mais la jeune fille qui m'a répondu se bornait à me répéter une formule apprise par coeur, et ce, après que je lui eus expliqué que cela ne répondait pas à ma question.

— Monsieur, le gouvernement ne loue que des terres de villégiature. Elles mesurent 43 mètres par 65…
— Alors ce sont des terrains. Je vous demande ce que le Ministère fait de ses "terres".
— Je vous le dis, monsieur, le Ministère ne loue que des terres de villégiature…
— Je sais, vous l'avez déjà dit. Mais le reste, les terres?
— …
(Son hésitation fut de courte durée. Elle était bien réglée, cette horloge!)
— Le Ministère ne loue que des terres de villégiature.
— Mademoiselle, comprenez-moi. Vous me parlez de terrains pour des chalets. Je vous demande ce que le Ministère fait du reste. Ils ne veulent pas construire des chalets partout, j'imagine?
— Le Ministère ne loue que des terres de villé…
— Mais le RESTE???
— Monsieur, le reste n'appartient pas seulement au gouvernement!
— Ni à l'industrie, mademoiselle…
— Non. Décidément, monsieur, je vous répète que le Ministère ne…

J'ai remercié et j'ai raccroché sans en savoir plus long qu'avant au sujet des terres en question. Par contre, j'avais appris qu'une parfaite imbécile travaille à ce ministère. Si cette jeune fille avait eu deux sous d'intelligence, elle aurait certainement compris que sa réponse apprise par coeur ne correspondait pas à la situation et elle aurait su adopter un comportement adéquat. Si le gouvernement ne fait rien avec ses grandes terres à part en louer certaines parties pour la villégiature, elle aurait au moins pu me répondre: "Rien". Elle aurait également pu me dire qu'elle l'ignorait tout simplement et me mettre en contact avec quelqu'un de mieux renseigné; ou même, dans un moment de folle audace, me répondre que c'était top secret et interrompre la communication. Mais elle ne l'a pas fait.

Il serait intéressant de lui téléphoner à nouveau et de voir combien de temps elle peut rester ainsi accrochée au bout d'un fil qu'elle-même tient dans sa main, comme une idiote, sans prendre l'initiative de mettre fin à son supplice. Il faudrait tenter l'expérience de bonne heure le matin, ou alors tout de suite après son heure de dîner, car je suis presque convaincu que "l'heure de la pause café" ou "l'heure du départ" viendrait résoudre son problème avant qu'elle n'ait su trouver la force d'y remédier toute seule.

Il y a les imbéciles en liberté et les autres.

Pour les premiers, on a généralement beaucoup de difficulté à éprouver de la sympathie. Ils ont assez d'intelligence pour qu'on ne les enferme pas, mais pas suffisamment pour mériter notre confiance. Ce sont généralement des gens très arrêtés, peureux, souvent méchants, et qui ne semblent jamais comprendre de quoi il est question. Mais cela ne les empêche pas de déblatérer incessamment en se prenant sans doute pour de hautes compétences.

Ritchey n'était pas de ceux-là.

D'abord il n'était pas libre et ne l'avait jamais été. Et puis il avait peur de tout. J'ignore l'âge qu'il avait lorsqu'on a découvert le triste état de ses facultés, mais je suis bien obligé d'observer que jusqu'à vingt-huit ans, personne n'a rien fait pour améliorer sa condition.

L'expérience que je voulais tenter avec ma fonctionnaire de tout à l'heure, Justin l'a menée, lui, avec Ritchey. Il avait choisi une formule dépourvue de subtilité, une formule directe (j'allais dire franche) et simple afin de ne pas trop emplir Ritchey de confusion. Cela s'appelait "la douche froide". Voici la recette.

Vous prenez un enfant de vingt-huit ans badigeonné d'excréments malodorants et vous le flanquez sous la douche. Vous faites couler l'eau à une température agréable et vous dites à votre client de se laver. Vous allez faire un tour ailleurs après avoir bien pris note de l'heure à laquelle il est entré sous l'eau. Vous passez dans la pièce à côté, vous vous installez confortablement dans un bon fauteuil, vous avez du café et de la lecture en quantité; il ne vous reste plus qu'à attendre que l'autre en ait assez de se laisser tremper.

Si vous êtes du type nerveux, vous allez faire un tour à toutes les vingt minutes. Mais vous ne parlez pas. Vous pouvez prendre des notes si le coeur vous en dit. Pendant la première heure, c'est-à-dire tant qu'il y a eu de l'eau chaude dans le réservoir, Ritchey est resté là, bras ballants, à jouir de l'effet reposant d'une bonne douche tiède. Ensuite, quand l'eau est devenue froide, peu à peu puis tout à coup, il s'est mis à grogner. Il avait adopté une position diagonale au jet, de manière à recevoir l'eau froide sur son épaule droite. Avec sa tête tournée vers la sortie et sa bouche grande ouverte, il tentait d'intercepter le froid et la meilleure manière qu'il avait trouvée consistait à essayer de boire à même le jet. Sur son épaule, la peau était devenue rouge. Ses mains tremblaient.

Finalement, au bout de vingt-cinq minutes de douche glacée, Ritchey a eu l'idée de sortir. Depuis longtemps dans son fauteuil, Justin tremblait d'impatience. Ce soir-là, à titre de conclusion, il écrit: *Ritchey semblait avoir froid. Il a revêtu le pyjama que j'avais préparé pour lui.*

Mais deux jours plus tard, une nouvelle avalanche de marde mène à une nouvelle douche et Justin profite de l'occasion pour tenter l'expérience à nouveau. Eau tiède pour détremper la marde. Arrêt, frotter. Eau tiède, cinq minutes. Et soudainement, Justin coupe l'eau chaude.

Ritchey reste sous la douche glacée et le moins qu'on puisse dire, c'est qu'il ne réagit pas terriblement à un contraste pourtant saisissant. Il reste ainsi pendant quinze minutes, à grogner et à essayer de boire l'eau froide qui lui rougit l'épaule. Puis il se décide enfin à sortir. Quelle audace! Et pourtant, il avait eu récemment l'occasion de se faire une idée à ce sujet. Quinze minutes! C'est quand même mieux que vingt-cinq… Mais Justin n'en revient pas. Comment peut-on avoir aussi peu de bon sens. Il écrit:

Je me demande, après coup, s'il a si froid? J'observais la rougeur sur son épaule droite, mais il s'amuse à boire de l'eau. Le tremblement de ses mains, je me demande s'il n'est pas presque coutumier. Quant à ses grognements, il grogne toujours. Un peu plus, un peu moins…

Comme Marc, Ritchey attendait qu'on le commande pour agir. Dans une position inconfortable, il patiente jusqu'à l'extrême limite. Et quand il sort enfin, c'est "plus fort que lui". Tout est là.

Que ce soit par la force d'autrui ou par la force des choses, il faut que la motivation vienne de l'extérieur pour déclencher son mécanisme. Il ne possède pas beaucoup son corps. Il a de la difficulté à bouger normalement et ne parvient pas à contrôler son intestin. Quand son grand côlon est trop plein, c'est la force des choses qui le fait déborder n'importe où. Quand son corps ne peut plus supporter le froid, c'est encore la force des choses qui l'expulse de la douche. Pas sa raison.

Comme Marc, Ritchey a vingt-huit ans et il est apatride. C'est-à-dire qu'il a lui aussi passé toute sa vie dans la plus complète dépendance. Cela implique le concept inférieur/supérieur et un engourdissement profond de ce que les psychiatres appellent le "processus d'investigation", lequel est à la base de tout apprentissage.

Chez Ritchey également, la peur est manifeste et quasi-permanente, ce qui ne surprendra personne puisqu'il est bien évident qu'un être qui n'a jamais l'occasion de s'affirmer ne possède aucune base de comparaison et se trouve par conséquent dans l'impossibilité de se mesurer à autrui. L'ignorance est génératrice de bien des craintes injustifiées.

Il existait pourtant entre Marc et Ritchey une différence fondamentale. Sans doute cette différence trouvait-elle son origine dans le potentiel d'intelligence de chacun. Marc possédait assez d'esprit pour apprendre les règlements. Pas Ritchey. Cela avait de bons et de mauvais aspects. Ainsi, Marc avait appris la propreté: c'était bon. Mais il avait également assimilé de façon très pratique le concept relatif à son infériorité, et c'était très mauvais puisqu'il ne parvenait plus à s'en débarrasser. Ritchey se sentait également inférieur, mais il n'avait jamais été assez brillant pour établir un raisonnement cohérent susceptible d'entraver ses mouvements. C'est pourquoi, lorsqu'il fut laissé à lui-même, seule sa peur d'autrui limitait ses agissements.

Il se mit à bouger la nuit.

Pour Ritchey, être seul dans le noir, sans personne alentour, sans lumière, semblait plus important que de dormir. Justin les appelle ses "nuits roses". Il profite de la période où tous les autres dorment pour agir à sa guise. À ce stade, peu importe qu'il agisse le jour ou la nuit puisque l'expérience en elle-même reposait sur l'hypothèse qu'en leur foutant la paix, les morts-ambulants allaient enfin bouger. Le phénomène des nuits roses apportait donc une information supplémentaire à savoir que Ritchey avait besoin de davantage de paix qu'un autre.

Durant ces nuits, Ritchey agit presque constamment. Assis ou debout, il est préoccupé par le mouvement. Il rassemble les maillets et les tournevis. Il gratte le plancher avec un grattoir. Tantôt il se promène avec le siphon de la toilette. Il le tient comme un bâton de base-ball et frappe sur les bûches avec. Dix, quinze, peut-être vingt fois de suite. On dirait qu'il cherche une signification. Après chaque coup, il arrête, écoute… et refrappe. Il est plein de pisse mais ne semble pas s'en soucier. Sur la table reposent encore le caleçon et le pyjama propre que Justin lui a donnés avant d'aller se coucher et qu'il a négligé d'endosser. Étrangement, durant ses nuits roses, Ritchey demeure silencieux. Pourtant, il passe ses journées à grogner…

Il se promène avec l'aspirateur, replace la bouilloire sur le poêle, déplace les poubelles: il est très occupé et cela semble faire son bonheur.

Il est comme un tout petit enfant qui découvre un à un les objets familiers. Il examine chaque objet, le tourne entre ses mains, invente un jeu correspondant, se lasse et passe à autre chose. Il se familiarise avec les choses. Il crée des liens. Il s'apprivoise.

Au bout de quelques nuits de la sorte, Ritchey s'enhardit. Son va-et-vient est plus bruyant qu'avant. Il se sent probablement davantage en sécurité et c'est pourquoi il "ose" faire plus de bruit. Son processus d'investigation fonctionne désormais. Il a fait l'expérience de la bouilloire ou du maillet, et s'il n'a probablement pas saisi leur véritable utilité, il a au moins exercé son action sur eux.

Durant le jour, quand il ne dort pas, Ritchey commence à manifester moins de crainte. Il lui arrive même de bouger en présence de Justin. Mais alors ses gestes sont moins spontanés et il demeure un peu méfiant. Il préfère nettement l'absence de spectateurs. Néanmoins, le processus d'investigation amorcé, la peur diminuée, Ritchey était sur la bonne voie.

Un mois à peine après son arrivée, on peut déjà déceler des progrès véritables dans son comportement. Il est capable parfois de se servir à table. Lorsqu'il ne le fait pas, il prend au moins l'initiative de demander (par gestes) à l'être. Il commence même à s'habiller tout seul et sans stimulation extérieure. Il ne s'habille pas convenablement, mais ça n'est pas le plus important. Son linge, il le prend dans le panier à linge sale, et les habits qu'il endosse sont généralement peu ragoûtants. Cela viendra sans doute en son temps.

C'est du moins ce que prétend Justin. Finalement, le dernier jour du troisième mois, Ritchey se lève de bon matin et se dirige sans que personne le lui suggère vers la toilette. Il s'installe péniblement (il a toujours l'air d'avoir de la difficulté à tout faire) et laisse pour la première fois sa crotte au bon endroit. Mieux encore, il ne se souille pas du reste de la journée. Mais le lendemain, il est déjà redevenu le vieux Ritchey qu'on a toujours connu.

Durant les quelques jours qui suivent, Ritchey retourne deux ou trois fois à la toilette seul, mais c'est peine perdue. Et puis l'idée replonge dans les profondeurs de son subconscient. Quelque part, quelque chose en lui sait que c'est dans la toilette qu'il faut laisser sa selle, mais Ritchey ne possède pas cette connaissance. Cela lui vient à l'occasion. Docile comme toujours, il obéit alors à la stimulation sans comprendre, c'est-à-dire sans la posséder. Il avance et recule, enfin c'est l'impression qu'on a de sa démarche. Mais d'un autre côté, il avance nettement. Seulement sa démarche n'a rien de raisonnée ou de logique. Il va d'une impression à l'autre, léger comme un papillon, et sans doute d'une façon encore moins structurée. Il va et vient. Il s'intéresse à tout, à sa manière. Il découvre, s'émerveille, s'amuse. L'objet qu'il tient entre ses doigts n'est pas nécessairement celui que nous voyons. Supposons qu'il examine une brosse à dents: rien ne le force à la considérer comme un instrument et il peut aussi bien se mettre à lui flatter les poils.

Il est candide et vulnérable. Il vient à vous comme un jeune chien peureux. Il saisit votre main, la pose sur sa tête: il veut se faire flatter. Et il ferme les yeux pour mieux savourer la caresse. Il cesse un instant de grogner, il s'oublie. Quand vous vous éloignez, il vous regarde sans comprendre. Et sans songer à vous suivre.

Il y a les êtres et les humains. Il faut répondre à davantage de critères pour être humain. Mais on peut facilement éprouver de la tendresse, de l'affection et même de l'amour envers des êtres simples comme lui, qui n'ont d'humain que le physique, et encore...

Il ne parvient pas à assimiler notre manière civilisée de nous alimenter. Alors que tous les autres font de véritables progrès en ce sens, Ritchey s'empiffre encore malproprement, utilisant autant la fourchette qu'il tient dans sa main droite que sa main gauche, sans ustensile. Il fait beaucoup de dégâts; souille sa barbe, ses vêtements, la nappe, quand il ne renverse pas complètement son assiette.

S'il existe, son rythme d'acquisition est lent et même incohérent. Son comportement ne fait pas la preuve que l'expérience est concluante. Et pourtant, du point de vue scientifique, Ritchey est un de ceux à qui cette expérience a profité le plus. Si les résultats sont moins évidents, c'est qu'au départ, Ritchey était plus inhibé. Il est important de comprendre qu'il faut quelques années à un enfant normalement constitué pour acquérir un minimum de bienséance à partir du moment où son processus d'investigation s'est mis à fonctionner. À plus forte raison un être atrophié moralement et mentalement depuis autant d'années aura besoin de temps avant de parvenir - peut-être - à des acquisitions de base. En d'autres mots, s'il voulait obtenir des résultats spectaculaires, Bournival aurait mieux fait de choisir des enfants moins profondément perturbés.

De son côté, Ritchey sentait confusément sa condition s'améliorer. La chose à l'intérieur de sa poitrine ne lui pesait plus comme avant. Il respirait plus librement. Ce n'était plus la même vie. Il ne se sentait plus surveillé comme avant. Il percevait quelque chose pour la première fois: comme une porte ouverte. Et l'aspect inconnu de cette nouveauté ne le rebiffait pas vraiment. Dans sa poitrine, la chose si lourde auparavant esquissait un léger sourire. Au bout d'un long hiver qui aurait duré vingt-huit années, Ritchey sentait sur lui les premières caresses d'un soleil printanier. Et il avait tendance à s'y abandonner paresseusement, rêveusement, subconsciemment.

Ce frêle arbuste des régions polaires saurait sans doute fleurir un jour. Mais il faudrait auparavant que s'opère, sur toute la longueur de son tronc et jusqu'au bout des branches, la transition, et qu'il devienne en premier lieu un arbuste des régions tempérées. En attendant que le sol dégèle complètement et que les racines d'abord trouvent suffisamment de quoi financer la transformation, il n'y avait plus qu'à s'imprégner de la température ambiante car il ne suffit pas de changer le climat pour transformer la nature. Plus il a fallu s'acharner pour s'adapter à un climat rigoureux, plus il faut de temps pour se départir de sa carapace. Et on n'a pas idée de l'épaisseur de l'armure de Ritchey.

Au bout du cinquième mois, Justin fit la connaissance de Micheline et Normand. Elle étudiait en éducation spécialisée, lui se cherchait du travail. Ils revenaient d'un voyage en Amérique centrale et se disaient intéressés à prendre la relève auprès des gars.

En principe, le "couple responsable" aurait dû succéder à Justin dès le 1er mars, c'est-à-dire immédiatement après les trois mois qu'il s'était imposés. Mais les couples de ce genre ne courent pas les rues.

L'ouvrage était archi-accaparant. Il s'agissait en somme de vivre continuellement en retrait de la société, en compagnie de sept déficients profonds. Une tâche de missionnaire qui ne présentait pas, comme dans le cas de Justin, la perspective rassurante de passer à autre chose après trois mois.

Micheline et Normand entrèrent en fonction le 7 mai 1976. Ils n'avaient pas, comme Justin, onze années d'expérience derrière eux. Ils n'avaient pratiquement aucune expérience. Ils n'avaient pas non plus "choisi" les patients, ni décidé de l'orientation du projet. Ils arrivaient simplement en se disant que s'il y avait là quelque chose d'humainement possible à faire, ils sauraient bien l'accomplir. J'ai toujours beaucoup de respect pour ce genre de détermination.

Ils apprirent à connaître les gars un à un et bientôt leur philosophie se dessina. Leur perception différait quelque peu de celle de Justin. Leur niveau de tolérance ne reposait pas non plus sur les mêmes principes. Ils entreprirent très rapidement de "mettre de l'ordre dans tout ça". Leur perception, je l'ai dit, différait. Là où Justin voyait un besoin de paix, ils discernaient un besoin d'affection. Là où il prétendait qu'il fallait les laisser expérimenter librement, Micheline et Normand affirmaient qu'il était temps de pratiquer une certaine discipline. Je ne veux pas, ici, faire le procès de l'une ou l'autre approche. À mon sens, les deux sont également valables jusqu'à nouvel ordre. D'ailleurs, la mise en application de l'une et l'autre a donné lieu à des résultats différents mais également positifs.

En fait, ils pensaient presque la même chose: Justin disait "ça va venir" tandis que Micheline et Normand prétendaient "il est capable".

Cela dit, ils ne ménagent pas leur énergie et ne jouent pas les capricieux. Sentant Ritchey mal à l'aise, Normand n'hésite pas à entrer sous la douche avec lui. Animé du même esprit, il va "jaser" avec lui dans sa chambre le soir, le borde, le caresse jusqu'à ce qu'il s'endorme.

Face à l'incontinence, ils affichent une attitude conciliante basée sur l'espoir de solutionner le problème un jour ou l'autre. Leur instinct leur suggère de mettre de côté la méthode "à rebours" employée par Justin pour revenir à une formule plus traditionnelle. À heures plus ou moins fixes, ils font asseoir Claude et Ritchey sur la toilette afin de leur "faire comprendre" que c'est là et non dans les culottes qu'il faut faire ça.

S'ils exigent davantage des enfants, Micheline et Normand donnent également davantage de leur personne. Ils ne se gênent pas pour caresser, minoucher, câliner. Cela a pour résultat de détendre particulièrement Ritchey qui apprend à sourire plus fréquemment et à... sucer son pouce. Ce grand bébé qui manque d'affection adore se faire cajoler. D'une certaine manière, son attitude générale se transforme au fur et à mesure qu'il y prend goût et il devient de plus en plus semblable à un nourrisson.

Pendant la période où Justin s'occupait des enfants, des femmes étaient engagées pour faire le ménage du chalet une fois par semaine, ainsi que pour laver le linge. Mais après l'arrivée du couple, ces tâches deviennent leur responsabilité. Cela affecte un tant soit peu les relations face à l'incontinence. Procédant de façon plus pratique, Micheline et Normand adoptent un système de ménage quotidien et, puisqu'ils visent à transformer cette "maison de fous" en foyer normal, ils prennent également à charge la préparation des repas. Les enfants cessent d'avoir accès à la nourriture à n'importe quelle heure et doivent apprendre à manger le plus convenablement possible. Et ça marche!

Sauf pour Ritchey dont le processus d'acquisition à proprement parler n'est pas encore en marche. Il lui faudrait plus de temps, beaucoup plus de temps, avant d'être en mesure de satisfaire ses "nouveaux parents".

Mais ceux-ci commencent à se sentir débordés et l'incontinence de Ritchey implique quotidiennement des draps et des vêtements à laver. De plus, il faut lui consacrer beaucoup de temps à table et c'est autant d'énergie dont les autres ne bénéficient pas.

Les mois passent et Ritchey n'apprend toujours pas. Justin a bien retourné Jean-Louis, se disent Micheline et Normand. Vous devinez la suite...

Il faut comprendre que ce genre de vie, sept jours par semaine, devient harassant à la longue. Et surtout que quand on perd espoir, beaucoup de notre énergie s'envole.

On peut endurer l'incontinence d'un enfant pendant deux ou trois ans, parfois, parce qu'on sait qu'il finira par apprendre la propreté. Mais quand on ne le sait plus...

Il était plus facile pour Justin d'accepter l'incontinence de Ritchey pour différentes raisons. En premier lieu, il ne concevait pas qu'au cours des trois premiers mois, il fallait s'attaquer à rendre Ritchey continent. Dans son esprit, cela faisait partie du processus de raffinement, lequel devait venir après la période de dégrossissage. Il ne se sentait donc pas impliqué personnellement. D'autre part, il ne s'attribuait pas non plus la responsabilité d'améliorer de façon concrète le comportement des six autres. Cela lui laissait donc l'esprit plus libre et la possibilité d'accepter plus de dégâts sans devoir en ressentir quelque culpabilité. Et puis il ne faisait pas de lavage, pas de ménage, pas de repas...

À tort ou à raison, Micheline et Normand arrivèrent à la conclusion que Ritchey ne convenait pas à une expérience de ce genre. Il lui faudrait une personne qui s'en occuperait exclusivement et à plein temps, prétendaient-ils. Ils ajoutaient qu'en dix mois, Ritchey avait eu sa chance et que contrairement aux autres, il n'avait pas su en profiter.

Le vendredi 24 septembre 1976, Ritchey fut retourné à Rivière-des-Prairies. Pour lui, l'expérience était terminée et jugée "non concluante".

Il avait une apparence extérieure plutôt comique. De petite taille, le front large mais la tête étroite, Serge donnait l'impression de marcher sur des ressorts. Cela tenait à sa manière d'avoir toujours les genoux légèrement fléchis pendant que le reste du corps adoptait la position verticale. Étrange petit bonhomme aux gestes brusques, comme électriques; il n'avait à son vocabulaire qu'un cri d'alarme, si on peut dire, une espèce de son nasillard et grincheux qu'il émettait pour attirer notre attention.

Pour le reste, il s'exprimait par gestes et se débrouillait assez bien. Il avait le sens du cliché. Ainsi, lorsqu'il demandait une cigarette, il ne portait pas seulement son index et majeur à sa bouche, mais croisait également l'autre bras sur sa poitrine, et cela ne pouvait manquer de le faire ressembler à une femme debout, en train de fumer. Sans doute avait-il emprunté le geste à un membre du personnel féminin de l'hôpital.

Lorsqu'on fit installer le téléphone au chalet, Serge fut le premier - et seul - à savoir s'en servir... Enfin, il avait vu comment "les adultes" s'en servaient. Il décrochait le récepteur, composait un numéro quelconque, s'accoudait au comptoir et commençait son manège. De temps en temps, il disait oui. Toujours le même "oui" prononcé de façon nasillarde, car c'était le seul mot véritable qu'il ait daigné apprendre.

Mais il avait par contre une foule de tics fort significatifs. Il consultait sa montre (imaginaire), faisait semblant de prendre des notes, jetait de temps en temps un coup d'oeil furtif sur les autres patients, et Justin, lorsqu'il assistait à la scène, ne manquait jamais de s'exclamer: "Garde Breton!"

Effectivement, garde Breton avait été longtemps attachée au sous-secteur 7 et de toute évidence, c'est à elle que Serge faisait référence lorsqu'il téléphonait de la sorte.

Chacun a sa manière de fuir la réalité. Pour se donner l'impression d'être devenu quelqu'un d'autre, Serge passait ses journées à imiter les adultes. Et s'il ne parvenait pas véritablement à nous prendre à son jeu, il paraissait néanmoins beaucoup plus fonctionnel qu'il ne l'était en réalité. L'intelligence qu'il possédait, c'est au service de l'observation que Serge la mettait. Et c'est dans l'imitation qu'il allait chercher sa satisfaction car il tentait par tous les moyens de s'identifier aux adultes. Pour améliorer, sinon sa condition, au moins son comportement, il s'agissait donc de l'aider à mieux observer les gestes qu'il avait tendance à vouloir reproduire.

Serge était quand même beaucoup plus avancé que Marc ou Ritchey. Non seulement son processus d'investigation était-il amorcé, mais encore son comportement signifiait clairement sa volonté de s'intégrer, coûte que coûte, à notre monde. S'il ne manifestait pas sa peur à l'égard des adultes, Serge n'en était pas pour autant dépourvu. Il avait peur d'"essayer". Il s'avouait vaincu d'avance lorsque nous le confrontions à certaines petites difficultés. Il réagissait alors exactement comme n'importe quel autre déficient en proie à une peur incontrôlable. Mis en situation, il perdait tout contrôle, s'énervait, faisait n'importe quoi… et ne réussissait rien. Le jour, par exemple, où fatigués de le voir nous quêter des cigarettes, nous lui passâmes papier et tabac en lui disant de se la rouler lui-même, Serge qui savait fort bien comment nous nous y prenions, fut incapable même d'essayer. Il s'énervait, renversait la moitié du tabac sur le plancher, et finalement tendait le tout à un adulte d'un air implorant. L'imitation, pour lui, n'était pas le chemin de l'accomplissement mais une espèce de raccourci qui devait lui permettre d'obtenir les satisfactions sans avoir à fournir les efforts appropriés. Confronté à des situations réelles, il redevenait aussitôt déficient, imbécile, impuissant et souffrait réellement de sa condition. Mais il n'était nullement question de l'entretenir dans ses illusions. En aucun cas, le mensonge ne doit être accepté comme solution.

Certains de ses comportements laissaient clairement entendre que Serge pouvait établir des relations. Par exemple, il avait clairement perçu la relation service/récompense. De toute la "famille", Serge était sans doute celui qui mangeait le plus souvent au cours d'une journée. Pour lui, manger signifiait récompense. Ainsi, il rendait un petit service - essuyer le comptoir, placer la vaisselle - et demandait à être récompensé: soit par un café, une pomme ou un sandwich au beurre d'arachide. Je te rends un service, tu me dois une récompense. Je lave (!) le plancher, tu me dois des félicitations. Voilà le genre de relation qu'il parvenait à établir sans difficulté. Cela implique un cerveau capable de certaines opérations abstraites. Pourtant, lorsqu'il s'agissait d'établir la relation concrète entre la fiche et la prise de courant, quelque chose de pratique et de simple, Serge perdait tous ses moyens. Il ne parvenait pas à comprendre que les deux pointes allaient dans les deux trous. Pourquoi?

Pourquoi ne distinguait-il pas le côté tranchant d'un couteau? Pourquoi tenait-il sa scie à l'envers, les dents en haut? Pourquoi utilisait-il la ponceuse sans papier? Pourquoi pouvait-il laver le plancher avec sa «moppe» sans percevoir qu'il faut également l'essorer?

Sans doute parce que pour lui, ces actes n'avaient pas la même signification que pour nous. Sans doute parce que, en soi, Serge ne s'intéressait nullement au plancher, au couteau ou à la vaisselle. Sans doute parce qu'à travers ces activités, il ne cherchait qu'à obtenir la seule chose qui lui tienne vraiment à coeur: la reconnaissance.

Serge désirait être aimé, accepté, reconnu comme l'un des nôtres. Il voulait à tout prix devenir notre ami, notre égal, se sentir intégré au monde des adultes, se débarrasser à tout jamais de son statut frustrant de déficient inférieur. Et en ce sens, on peut dire que son action était coordonnée, pensée, réfléchie. Pendant que Jules cherchait dans l'imaginaire une compensation à sa frustration, Serge se démenait comme un diable pour nous prouver de façon concrète (croyait-il) son aptitude à vivre avec nous.

Quand on est Blanc, il faut faire une opération intellectuelle pour concevoir les causes et effets de la ségrégation. Mais quand on est Nègre, cent mille petites frustrations se chargent d'aiguiser notre perception et quand bien même on ne disposerait pas d'un cerveau "fully equipped", on saisit sans difficulté toutes les implications d'une telle réalité.

Bien que cela ne soit pas à la portée de tout le monde, imaginez un instant que vous êtes Nègre, ou déficient. Présumons maintenant que vous êtes informé des inconvénients que confère à votre quotidien un statut aussi peu enviable. Imaginons que vous rêviez, ne fut-ce que confusément, d'accéder à une meilleure condition de vie, ce qui serait bien légitime. Mais vous êtes tenu prisonnier dans une institution, ghetto ou asile, et les racines de cet emprisonnement tiennent à la couleur de votre peau ou à la grosseur de votre cerveau. Ils sont là, de l'autre côté, gras, roses, et bien-portants, qui affirment qu'en principe, vous êtes le bienvenu chez eux. Il s'agit simplement que vous vous comportiez comme eux. Mais vous êtes dans votre ghetto ou bien dans votre asile tandis qu'ils se promènent librement. Vous pouvez faire comme Jules, et leur tourner le dos. Tenter de trouver dans l'imaginaire ce que vous avez perdu espoir d'acquérir dans la réalité. Mais vous pouvez également faire comme Serge et accepter de jouer le jeu. Car c'est un jeu!

Un jeu qui se joue sur votre dos et dont l'enjeu a ceci de particulier que si vous n'avez rien à perdre, eux n'ont rien à gagner. Cela a pour résultat deux balbutiements parallèles mais allant en directions opposées. Puisque vous êtes en état d'infériorité, vous acceptez les règles qu'ils vous dictent.

Ils vous disent: "Apprends à faire comme nous". Pour eux, le règlement est une fin en soi. Pour vous, ce n'est qu'un moyen de parvenir à vos fins. Vous observez leurs agissements. Vous déchiffrez peu à peu le code de leur langage hermétique. Vous observez qu'ils font ceci ou cela et vous vous imaginez qu'en agissant de la même manière, vous deviendrez comme eux. Vous essayez. Et ils vous encouragent. Ils ont beau être "intelligents", ils n'ont pas l'air de comprendre que les activités qu'ils vous proposent sont insipides en comparaison de l'objectif que vous poursuivez. Vous tentez désespérément de vous identifier à ce qui vous paraît supérieur. Vous tendez les bras vers le ciel. Vous êtes profondément concentré sur votre volonté de léviter mais ils vous assurent que l'unique manière d'y parvenir consiste à apprendre à attacher vos souliers.

Vous approchez du but. Vos doigts se plient à la consigne et vous nouez tant bien que mal les deux bouts du cordon. Ils vous regardent faire et évaluent votre besoin vital en terme d'habileté technique.

Par un processus inversement proportionnel à toute logique élémentaire, les supérieurs viennent d'exiger que vous fassiez le premier pas. De la même manière, on attend des enfants (normaux) qu'ils fassent preuve de plus de tolérance que les adultes. Qu'ils assimilent nos lois et principes afin que les mon'oncles et les ma'tantes n'aient pas à s'offusquer de leur "mauvais" comportement. La méthode universelle avec les enfants consiste à leur enseigner à s'adapter aux adultes et à leurs besoins comme si les adultes étaient les plus fragiles. C'est une mauvaise méthode.

119

À son arrivée à Terre des Jeunes, Serge était pseudo-fonctionnel. Un mégalomane dont l'unique phobie consistait à s'identifier à l'adulte-type. Il brassait la vaissele sans la laver, la taponnait sans l'essuyer et la rangeait dans l'armoire encore toute crottée. Puis il venait se faire féliciter. C'était un parfait robot de la civilisation. Mais il dépensait à ses caricatures assez d'énergie pour vivre en paix avec lui-même. Pseudo-fonctionnel, il se contentait d'une pseudo-satisfaction. À moins que quelque chose ne vienne bouleverser son univers et détruire son château de cartes pour le forcer à reviser sa situation.

Durant la période où ils vécurent sous la tutelle de Justin, les gars étaient principalement laissés à eux-mêmes. Ils composaient avec une nouvelle réalité et cela devait suffire à les occuper pleinement. Mais lorsque Micheline et Normand prirent la "famille" en main, il ne fut plus question d'agir pour le simple plaisir de faire semblant. Les nouveaux parents n'acceptaient pas que l'on mange dans de la vaisselle pseudo-propre. Faire semblant ne suffisait plus. En principe, Micheline et Normand consacraient plus de temps à ceux qui apprenaient davantage. Cela eut pour effet de stimuler les autres. Il y eut, pour certains, instauration pure et nette d'un système de libre entreprise basé sur une échelle de valeurs affectives. Pour obtenir plus d'attention, plus de considération et possiblement plus d'affection, il s'agissait d'améliorer sa production. Inutile de préciser que les faux-monnayeurs furent vite démasqués et qu'il devint bientôt évident que la fraude ne faisait plus vivre son homme.

Très rapidement, Micheline et Normand accédèrent au statut de demi-dieux. Ils suscitaient l'adoration car ils dispensaient sans compter une denrée sans prix: l'affection. Cela transforma la philosophie des relations et l'effet le plus évident de cette transformation fut sans contredit la tendance des enfants à adopter certains comportements plus humains. Ritchey commença à sucer son pouce au lieu de se mordre les mains. François devenait peu à peu amoureux de Micheline. Le quotidien se teinta d'une certaine paresse voluptueuse, empreinte de sérénité et de tendresse. Le printemps était arrivé, on aurait dit que la nature participait au grand changement qui s'effectuait en douceur, presque imperceptiblement. C'était délicieux.

De son côté, s'il ne pouvait manquer de sentir le renouveau dans l'air, Serge n'en perçut pas tout de suite toutes les implications et sa tendance initiale consista à aborder ces deux nouveaux adultes de la même manière que les autres. Il fit son numéro habituel dans le but d'attirer l'attention. Il fit semblant de laver la vaisselle et d'entretenir les planchers pour s'assurer de prime abord un maximum de considération. Il offrait sa collaboration en s'attendant qu'en retour, on le traiterait de façon privilégiée. Ce fut une cruelle déception.

Micheline et Normand trouvèrent davantage à critiquer aux jolies imitations de Serge qu'au comportement apparemment nul de Ritchey. Brasser la vaisselle dans l'eau tiède ne suffisait plus: il fallut apprendre à la laver. Et le même type d'exigences s'appliquait aux planchers. L'imitation considérée comme un raccourci ne valait plus la peine d'être empruntée.

Mais Serge avait consacré vingt-sept ans à apprendre à imiter les adultes. C'était sa spécialité et jusque-là, il avait cru y trouver une branche de salut. Voilà que la branche craquait dangereusement et Serge allait tomber de haut. Autour de lui, il voyait Guy, François et même Ritchey se faire choyer et cajoler. Il se passait quelque chose qu'il ne comprenait pas mais dont il aurait aimé pouvoir profiter lui aussi. Cela commença par de la frustration qui se transforma peu à peu en jalousie pure et simple. Puis il comprit qu'il allait falloir se lancer dans la course, la Grande Course, et produire véritablement lui aussi. Il y eut un système d'offre et de demande auquel chacun devait trouver moyen de s'intégrer s'il désirait tirer quelque profit de cette occasion inespérée. Guy, Serge et François étaient, des sept, ceux qui présentaient le plus d'aptitudes à jouer le jeu. Ils étaient talonnés de près par Claude qui avait lui aussi son côté extraverti et qui ne dédaignait pas - loin de là - les faveurs que l'adulte est susceptible d'accorder. Guy était plus habile et possédait davantage de connaissances. Mais il était aussi le plus névrosé du groupe. François rendait de véritables services à la cuisine: il avait d'indéniables aptitudes mais il était également passablement égoïste et pas toujours facile à manipuler. Claude, de son côté, verbalisait mieux que quiconque, mais son incontinence le limitait considérablement et créait un traumatisme qui déteignait sur son comportement tout entier. Restait Serge qui ne présentait aucun gros défaut, aucune tare répugnante. Il affichait une indéniable bonne volonté mais ne se distinguait désespérément pas dans l'art subtil de saisir les nuances et les relations pratiques. Ainsi, malgré d'excellentes prédispositions, il ne tarda pas à prendre du retard sur les autres et devint, d'une certaine manière, le laissé-pour-compte.

Il en souffrit beaucoup. Son comportement jadis si bien réglé devint empreint de nervosité et d'agressivité. Il frappa François à quelques reprises. Il était en compétition directe avec François car celui-ci était le plus agissant et donc celui qui empruntait la démarche la plus semblable à la sienne. Mais là où Serge ne récoltait que critiques et remontrances, François s'en tirait la plupart du temps avec des éloges, des caresses et des félicitations. Il y avait peut-être en dessous de tout ça, quelque chose relié à la sexualité de Serge dont le comportement avait dévoilé sans équivoque possible une légère tendance à l'homosexualité. Mais en général, Micheline et Normand avaient les idées larges et il ne faut pas miser trop sur une telle supposition. Disons donc simplement que l'on peut être moins porté à cajoler "un homme aux hommes".

Indéniablement, face à sa sexualité, Serge éprouvait une certaine mauvaise conscience qui ne lui était certainement pas venue toute seule. Si Micheline et Normand ne firent jamais rien pour le culpabiliser davantage, il reste fort possible qu'une barrière se soit établie dans la tête de Serge, rendant les relations humaines plus difficiles, plus gênantes, et sans doute éprouvait-il plus de difficulté qu'un autre à demander à être cajolé, ce qui explique, jusqu'à un certain point, pourquoi il le fut moins.

Mais cette époque fut des plus fertiles. Tout ce contexte, tout cet enchevêtrement de sentiments forts mais confus contribuait à motiver Serge qui ne tint littéralement plus en place. Pour s'attirer l'attention de Micheline et de Normand, pour se mériter leur affection, Serge cherchait sans cesse à se rendre utile d'une manière ou d'une autre. Aucune tâche ne lui répugnait. Il pouvait ramasser le vomi d'un gars, aider Ritchey à se démerder sous la douche, nettoyer la culotte de Claude, aller chercher des provisions à la cafétéria: il était plein de bonne volonté. Cela lui donna, à la longue, de multiples occasions de perfectionner ses mouvements et de devenir véritablement utile.

Le vieux système service/récompense demeurait toujours bien ancré dans sa tête. Il sut si bien l'exprimer et son comportement prenait tellement de consistance qu'on ne put lui refuser des faveurs. Il fut de ceux qui accompagnaient Micheline et Normand lors de leurs sorties au village. Il se fit inviter plus d'une fois, cet été-là, à manger une patate au snack-bar du rang. Il assista aussi à presque toutes les parties de base-ball auxquelles Normand participa au village. Serge atteignait son but. Il avait de plus en plus l'impression de devenir lui-même un de ces merveilleux adultes dont il partageait désormais les tâches ainsi que les plaisirs. Il jubilait. Suprême honneur, il fut le premier de tout le groupe à profiter du mouvement d'action communautaire qui commençait à s'organiser.

En effet, Justin avait persuadé quelques amis de Terre des Jeunes et résidents de Sainte-Julienne d'apporter leur concours à l'expérience. Différentes familles avaient accepté de recevoir un des gars à manger chez eux; puis à partager une de leurs sorties, puis finalement à coucher chez eux. C'était le commencement de la troisième phase: l'intégration sociale. Lorsqu'il aura adopté un comportement social acceptable, le patient sera en mesure de retourner dans la société. Soit dans une famille d'accueil soit dans un atelier protégé ou ailleurs. En ce sens, l'idée d'intégrer les résidents du village à l'action était avant-gardiste, intelligente et pratique.

Serge est invité chez Mme Melançon. Il revient transfiguré, débordant de fierté et de joie.

Bientôt, il élargit son champ d'action et commence à agir concrètement hors de la maison. Il apprend à ramer. Cela lui demande plusieurs tentatives, mais le jour où enfin il parvient à faire réellement bouger l'embarcation à peu près à sa guise, il ne se tient littéralement plus de joie, et s'écrie par deux fois: "Je l'ai!" Lui qui n'avait jamais voulu parler. Plus tard, il prononcera également - et fort distinctement - le nom de Marc.

Ainsi, Serge accède à un statut enviable dans la petite communauté habitant le chalet. Il se crée - à la sueur de son front - une situation satisfaisante et s'y maintient. Sans doute quelque nouveau changement intelligent le motivera-t-il à reprendre son ascension un jour.

III

Quoiqu'il soit sans doute, avec Marc, celui qui a le moins bougé en termes d'acquisitions pratiques et de comportement, Denis est, selon les spécialistes, le sujet à qui l'expérience a le plus profité. Nous avons déjà établi qu'effectivement, c'est aux plus inhibés que ce genre d'approche plus décontractée correspondait le mieux. Et nous savons que Denis était profondément replié sur lui-même.

Durant le mois de décembre 1975, à Terre des Jeunes, Denis était demeuré dans sa chambre durant vingt jours avant d'oser sortir dehors. Dominé par la peur, il craignait continuellement de prendre des initiatives, fut-ce simplement pour se servir quelque chose à manger. Il passait le plus clair de son temps sur sa chaise, à ne rien faire. Ses principales activités consistant à faire claquer ses doigts et à tourner, entre le pouce et l'index, une mèche de ses cheveux frisés, on pouvait se demander s'il n'aurait pas mieux fait de retourner à l'hôpital.

Âgé de vingt-deux ans en décembre 1975, Denis avait passé presque toute sa vie au secteur 7 et monsieur Thibeault, son moniteur, se vantait de le connaître depuis son enfance. Avec monsieur Thibeault, Denis fonctionnait bien. Enfin, il ne faisait rien de mal et obéissait promptement aux ordres, lorsqu'il lui en donnait. Il faut dire que monsieur Thibeault pratique une méthode assez particulière. Voici comment il en expliquait les grandes lignes à Normand lors de leur première rencontre: "Je ne joue pas au fou avec eux. Je ne répète jamais plus de trois fois le même ordre. Passé la troisième fois, je frappe". Et, semble-t-il, monsieur Thibeault n'y va pas de main morte. Il n'accepte pas le désordre, ni le vacarme. Il n'aime pas à être dérangé quand il regarde un film à la télévision et ses patients sont dressés pour se tenir tranquilles.

Bien que la méthode forte ne soit pas acceptée à l'hôpital et que personne n'ignore les procédés du brave homme, cela ne l'empêche pas de pratiquer depuis de nombreuses années. Et sans doute continuera-t-il à oeuvrer de la sorte jusqu'au jour où les principaux intéressés - les patients - feront circuler une pétition contre lui. Mais ce n'est pas demain la veille.

Quinze ans d'armée, ça marque un homme. Quinze ans avec monsieur Thibeault également. Quand il arriva à Terre des Jeunes, Denis affichait donc un comportement "acceptable".

Ceci dit de façon péjorative, bien entendu. Denis mangeait avec ses ustensiles, mais cela ne voulait pas dire qu'il aimait à le faire, on va bientôt se rendre compte du contraire. Il se tenait tranquille toute la journée, et on devine facilement qui lui en avait donné l'habitude. Il ne touchait à rien, ne s'amusait pas à déplacer les objets et sa belle docilité figée sentait monsieur Thibeault à plein nez. Il était continent. De lui-même, Denis ne faisait rien. Il n'osait même pas manger sans permission. C'était un bon chien, bien dressé, mais mort de peur. Il n'est pas nécessaire de battre sauvagement certains êtres fragiles pour leur donner des allures de chien battu. Simplement les frapper avec suffisamment de ce sale type d'autorité imbue d'elle-même, fanatique dans la croyance en la méthode forte ("Une poigne ferme, monsieur, il n'y a que ça!") pour leur laisser entrevoir qu'ils n'auront pas le dernier, mot suffit généralement à les paralyser.

Monsieur Thibeault avait profondément marqué Denis. Il lui avait fait adopter des manières qui n'étaient pas les siennes et le pauvre garçon avait complètement perdu contact avec sa véritable personnalité. Il ne savait plus automatiquement ce qui lui faisait envie. Il vivait "par coeur" et comme il n'avait pas une mémoire phénoménale, cela se traduisait par peu d'activités. Quand, voilà déjà bien longtemps, il avait commencé à découvrir l'acte de manger, quelqu'un de bien intentionné était intervenu en gueulant: "Cochon! Salaud!", et lui avait probablement flanqué une claque derrière la tête. On ne joue pas avec la nourriture. À ce rythme, Denis avait vite mis de côté son habit d'explorateur et il avait revêtu le costume que son moniteur lui tendait: un beau costume de grand garçon qui mange comme il faut. C'était ça ou la camisole de force. Denis ne faisait pas grand-chose; monsieur Thibeault n'avait pas l'âme d'un fantaisiste. Il n'avait ni la patience ni la motivation nécessaires pour enseigner à ses enfants une foule de petits trucs qui font que les patients paraissent mieux qu'ils ne sont en réalité. Il tenait simplement à ce que les choses marchent rondement de manière à dépenser le moins d'énergie possible. Il avait un tempérament expéditif, monsieur Thibeault. Et puis, c'était un pacifique: il ne voulait qu'avoir la paix. Le brave homme...

Lorsque Justin avait écrit: *Je travaille à rebours. Je suis comme le médecin qui découvre qu'on peut guérir le cancer en s'enduisant le corps d'excréments de vache…*, il ne se doutait pas combien cette attitude allait correspondre à Denis. Car si c'est lui qui profita le plus de son séjour à Terre des Jeunes, c'est justement parce que pour s'épanouir, Denis avait besoin de faire un long cheminement à rebours. En d'autres mots, il lui fallait premièrement se libérer de tous les enseignements *(sic)* du cher monsieur Thibeault.

Cela demanda beaucoup de temps. Parachuté dans ce nouveau contexte permissif, Denis réagit d'abord sauvagement et manifesta son incompréhension en s'isolant dans sa chambre. Davantage qu'aux autres, une telle liberté devait paraître suspecte à Denis. Et la relation qu'il avait depuis si longtemps établie entre le bouger et la claque s'interposait vigoureusement entre la liberté et lui. Il faisait preuve de bon sens en ne se laissant pas aller à ses envies (s'il en avait) et, pour ne pas prendre de chance, s'isolait. Le vingtième jour, Justin décida à sa place: il le fit s'habiller et lui intima l'ordre d'aller jouer dans la neige. Ensuite seulement, Denis osa y retourner quand il en eut envie: de toute évidence, c'était ce que voulait l'adulte.

Denis abordait les choses avec circonspection et dans le doute, s'abstenait. C'était peut-être exagéré, mais cela comportait moins de risques. Il avait appris la prudence à la dure école.

En décembre 1975, lorsque Justin demandait aux enfants de ramasser leurs bottes et leurs manteaux qui traînaient dans l'entrée pour les remiser dans leur chambre et que Denis se sauvait en hurlant, Justin avait conclu qu'il craignait sans doute très fort de retourner à l'hôpital. Il écrivait: *Je crois qu'il a très peur de retourner à l'hôpital. Je me souviens avoir parlé de l'hôpital il n'y a pas longtemps. Peut-être craint-il d'y retourner comme Jean-Louis? Au camp d'été, l'année dernière, Aline soulignait le chagrin de Denis à l'annonce de son retour à l'hôpital…* Que ce soit de l'hôpital ou d'autre chose, Denis avait effectivement très peur. Pourtant, il prit beaucoup de plaisir par la suite à jouer dehors. Il y allait tout seul et s'amusait à lancer la neige dans les airs, à la goûter… Plus tard, il pelleta pendant des heures et au printemps, il déplaçait les derniers bancs de neige d'un endroit à un autre.

Mais on observe dans son comportement une étrange constante: il fait toujours quelque chose à l'envers du bon sens.

126

Effectivement, c'était comme s'il était incapable de profiter simplement de sa nouvelle liberté et qu'il lui fallait ajouter du sien en réagissant différemment des autres et de l'ordre établi. Par exemple, Denis passait ses journées en pyjamas et la plupart du temps au lit. Et lorsqu'il sortait dehors, il refusait de se vêtir convenablement. Il allait dehors en caleçons, malgré le froid. Je pense que c'était sa manière d'exprimer sa libération. De la même façon, il délaissa bientôt ses bonnes manières à table et se mit à manger avec les mains. C'était comme si, libéré de la contrainte, il reprenait ses expériences là où on les avait interrompues. On remarqua le même manège au niveau du langage. Durant les premiers mois, à Terre des Jeunes, il ne parla presque jamais sinon pour lâcher de temps en temps une grossièreté: "Cochon!… Salaud!… Tabarnac!… Caca!…", ou simplement pour répéter "non, non, non…". À travers toutes ces manifestations aux allures négatives, Denis se libérait d'une quinzaine d'années de frustrations. On peut apprécier la sobriété qu'il y mettait: d'autres ne se gênent pas pour tout casser à moins. Il brisa quelques ampoules électriques, lâcha quelques "tabarnac" et ce fut à peu près tout. Il se reprenait en mangeant malproprement et en sortant dehors en caleçons, ce qu'il fit tout l'hiver.

À la mi-janvier, Justin décide de s'occuper davantage de Denis. Peu à peu, l'autre se laisse apprivoiser. Il se détend, apprend à sourire, accepte de mieux en mieux de prendre sa douche. Le 9 février, il est d'excellente humeur et bavard par surcroît. Il prononce toutes sortes de mots tels: "Ah ben…", "Salaud", "Tabarnac". Il commence à aimer se tirailler avec Justin, mais n'ose pas encore provoquer les situations.

Le 2 mars, il réagit à Aline Noël qui remplace Justin pour une semaine. Il parle d'abord de "casser la gueule" à quelqu'un, puis brise deux ampoules.

Le 3 avril, il est plus dégourdi que jamais. Il agace Justin pour le provoquer à venir se tirailler. On dirait qu'il commence enfin à être positif. Il est d'excellente humeur depuis quelques semaines, chantonne à l'occasion, parle de plus en plus et bouge davantage. Le 4 avril, il répète plusieurs mots que dit Lise, une monitrice. Il répète même une phrase de Claude: "Envoie Marc, o.k.!". Il se dégourdit tranquillement. Oh, cela n'a rien de spectaculaire, surtout pas! Mais, d'un mois à l'autre, on observe une petite acquisition, un petit relâchement au niveau de l'inquiétude paralysante et peu à peu, Denis finit par donner l'impression qu'un jour, il aura vraiment l'air d'un être vivant. Le 30 avril, il commence à siffler.

Tout allait bien lorsqu'au début du mois de mai, l'arrivée de Micheline et Normand est venue bouleverser sa nouvelle quiétude. On se souviendra qu'au début de mai 1976 (le 7), il y eut une tempête de neige tardive dans la région de Montréal. Et bien, ce jour-là, Denis qui avait passé tout l'hiver en caleçons, a revêtu un coupe-vent pour sortir. Vraiment, il commençait à être sur la bonne voie. Mais lorsque le personnel changea, le nouvel équilibre de Denis en prit un coup. Il se mit à régresser aussitôt.

Lui qui avait été continent depuis toujours, se mit à faire dans sa culotte et dans son lit. Le premier jour, il part de la salle de séjour pour "aller" uriner dans sa chambre. Le lendemain, il fait une selle dans son lit. Le jour suivant, il trempe sa literie. Le quatrième jour, il chie dans son pantalon. Deux jours plus tard, il recommence. Heureusement, Micheline et Normand font preuve de tolérance et de patience et s'ils exigent que Denis ramasse ses dégâts, ils ne manifestent aucune agressivité à son égard. Au contraire, Normand s'occupe beaucoup de lui et se chamaille souvent avec ce gros garçon qui rit alors aux éclats. Peu à peu, les choses rentrent dans l'ordre.

Les beaux jours sont arrivés et Denis se découvre une nouvelle passion. Il passe ses journées dehors et s'amuse avec des poignées de petits cailloux. Il les laisse tomber sur un morceau de contre-plaqué en prenant grand plaisir à écouter le son qu'ils font en tombant sur le bois. Avec le temps, il perfectionne son attirail et acquiert également une grosse roche ainsi qu'un bout de tuyau et une plaque de tôle sur lesquels il laisse tomber ses poignées de cailloux musicaux. Cela l'occupe durant deux bonnes semaines. Ensuite, il passe à une activité plus consistante. Il transporte des pierres de grosseur moyenne et pesant une dizaine de kilos chacune. Il les transporte à bout de bras, ce qui requiert une certaine force physique, et les laisse tomber dans le lac. Cela l'occupe encore pendant un bout de temps. Jusque-là, il s'est toujours arrangé seul et ne participe jamais à aucune activité "de groupe". Mais bientôt, avec Normand, il prendra grand plaisir à nettoyer le terrain autour du chalet. Ils s'y adonnent à quelques occasions.

Chaque jour, Denis s'épanouit davantage. Il parle de plus en plus et son vocabulaire ne se limite plus aux mots grossiers appris à l'hôpital. Il dit "bonjour monsieur", "assiette", "maison", "chocolat"; il a également une manière de provoquer Justin ou Normand à la bataille en leur disant d'une grosse voix: "Viens icitte!"

Survient une période où Claude le commande un peu comme il l'a déjà fait avec Marc. Encore une fois, Claude donne les ordres et l'autre les exécute. Il fait creuser Denis. Cela dure une dizaine de jours mais c'est nettement moins intensif qu'avec Marc et on n'observe aucune réaction négative chez Denis. D'ailleurs, Claude se lasse rapidement.

Au mois de juin, Denis commence à aller dans l'eau du lac. D'abord, il met les pieds à l'eau et bientôt, il ose se baigner tout le corps. Il apprend de nouveaux mots et même des bouts de phrases: "Ben oui", "correct", "ôte tes culottes", "M'en va dans l'eau", "embarque, les gars" (dans la chaloupe), "Un, deux, trois, go!", etc. À noter que personne ne lui fait répéter des mots comme on le fait pour apprendre à parler aux enfants. On découvre simplement un beau jour que Denis a assimilé un bout de phrase qu'on avait prononcé la veille et qu'il le répète aujourd'hui dans un contexte similaire. Ainsi, il a dit "Un, deux, trois, go!" en entrant dans la douche le lendemain du jour où Normand essayait d'amener Serge à entrer dans l'eau du lac en lui disant la même chose.

Denis se tiraille avec de plus en plus d'énergie. Il a maintenant accédé aux batailles de coussins avec Normand. Il a même trouvé une formule pour exprimer son envie de ce nouveau jeu et crie: "À l'attaque!"

Micheline et Normand prennent vraiment leur «job» à coeur. Je disais précédemment qu'ils s'impliquaient davantage en "parents" qu'en "thérapeutes". Observant que Denis commence à prendre trop de poids, ils décident de lui faire suivre un régime.

Au début d'août, neuf mois après le début de l'expérience, il faut amener les enfants à Rivière-des-Prairies pour leur faire passer des tests dans le but d'évaluer la valeur des acquisitions faites à Terre des Jeunes. Micheline et Normand partent avec les enfants pour l'hôpital.

Arrivé sur les lieux, Denis agrippe Micheline par la main et l'entraîne au quatrième étage. Il se dirige sans hésiter vers le secteur 7, vers son ancienne salle et vers... monsieur Thibeault. Il se passe quelque chose d'inattendu. On croyait tellement que Denis craignait de retourner à l'hôpital. Et voilà qu'il entraînait presque de force Micheline vers son ancienne salle.

En entrant dans la salle, Denis est presque transfiguré. Il laisse la main de Micheline et part chercher une chaise qu'il installe dans un coin. Son coin habituel, explique monsieur Thibeault. Micheline le laisse là et s'en va retrouver Normand, seul avec les autres enfants. Denis dîne au "sept" avec son ancien groupe. Lorsque au cours de l'après-midi, Micheline revient pour le chercher, il refuse de la suivre.

Personne ne s'attendait à une telle réaction. Chacun était tellement convaincu que Denis préférait la ferme à l'institution. Mais comment, au juste, doit-on interpréter cela? En tout cas, on ne défait pas facilement quinze années d'institution. Le cas fut discuté longuement. Justin était d'avis que si Denis manifestait le désir de retourner à l'hôpital, il fallait l'y renvoyer. Mais Micheline et Normand voyaient les choses différemment. Ils ne digéraient pas monsieur Thibeault et refusaient de croire que Denis puisse le préférer à eux. Ils prétendirent qu'il était "retombé sous la domination de son ancien moniteur" et le ramenèrent de force à la ferme. Ajoutons que dès le lendemain, les choses étaient rentrées dans l'ordre et que Denis se tiraillait de plus belle avec Normand. Mais qui saura jamais ce qu'il pensait vraiment?

Il passa le restant de l'été à faire du "tourisme" sur la plage. Il s'installait dans sa chaise longue et passait ses journées au soleil, à ne rien faire sinon regarder défiler les campeurs.

À l'hiver 1976-1977 il avait retrouvé son comportement du début mais cette fois, cela semblait vraiment acquis. Il lui aura quand même fallu régresser - redevenir fou: manger avec ses mains et chier dans son lit - pour se débarrasser des normes imposées pas la société (en l'occurrence son ancien moniteur) et acquérir un comportement sain qui soit vraiment le sien.

En redonnant la liberté complète à des gars comme Denis, Justin proposait l'anarchie. Il y a eu du désordre et des comportements bizarres. Mais ce climat a favorisé des acquisitions d'importance. Dans le cas de Denis, cela a rétabli le "comportement investigateur"...

Ploum, ploum, tralala!... La formule a beau paraître absurde, c'est la formule, et Justin ne l'a pas inventée. Ce serait plutôt elle qui s'est imposée - à travers lui - comme s'impose toujours tout ce qui ne se discute pas.

Et sa portée est probablement beaucoup plus vaste qu'on le supposerait à première vue. Si cette formule est efficace dans le cas d'enfants déficients profonds élevés en institution, comment ne le serait-elle pas dans le cas d'enfants profondément normalisés par "des" institutions?

Nous avons tous un monsieur Thibeault dans nos vies. Nous avons tous le crâne bourré de raisonnements qui ne sont pas vraiment les nôtres et qui nous paralysent. Il va pourtant falloir que cela sorte un jour, et si vous voulez mon avis, le plus tôt sera le mieux. Mais nous craignons les conséquences. Nous sommes aussi très sujets à la peur et n'osons pas assumer notre seule véritable responsabilité qui consiste à vivre intensément notre vie.

Quand, au printemps, la rivière prisonnière des glaces n'a plus que l'idée de couler, il y a de l'action dans l'air. Demandez son avis à la glace qui craque déjà: elle vous répondra que c'est l'anarchie! Mais nous préférons croire qu'il ne s'agit que de la crue d'une rivière et prétendons que c'est une "débâcle". Nous refusons de percevoir l'anarchie comme un mouvement naturel. La débâcle, disons-nous, est naturelle: elle concerne la rivière. Nous ne voulons pas que l'anarchie nous concerne et nous disons qu'elle est absurde.

Pour la glace qui a mis tout l'hiver à "isoler" la rivière en la retenant prisonnière, bien sûr que cette idée de couler paraît folle! De même, pour tous ceux qui ont passé leur vie à nous "protéger" en nous bourrant le crâne de bons conseils et de bonnes manières, l'idée de nous libérer doit paraître très dangereuse.

Mais nous sommes tous comme Denis et ses amis - bien lavés, bien nourris, bien habillés et incapables de prendre notre destinée en main. Et nous le savons bien. Nous sommes tellement tous inhibés que nous n'osons même plus respirer à fond. C'est grave.

Alors s'il fallait que nous nous mettions à cultiver cette idée, nous aussi, et à vouloir vivre la vie que le Bon Dieu nous a confiée individuellement, sans doute parce qu'il avait ses raisons, ma foi ça ferait de l'action pour les spécialistes!

131

En tout cas c'est comme ça que Denis a perdu un gros pourcentage de la peur qui le paralysait et l'empêchait d'évoluer. Il est redevenu continent, il mange proprement, parle de temps en temps et rend même quelques petits services. Il reste toujours un peu solitaire, peu bavard et, dans une certaine mesure, peu actif. Il n'a pas perdu sa manie de tourner constamment sa couette entre les doigts. Mais qui est-ce que cela dérange?

Il fait de longues promenades sur la ferme et dans la forêt; il joue avec les chiens et les chats, grogne, ricane, va et vient. Il fait des expériences avec ses cailloux musicaux...

Il explore, depuis que la vie l'intéresse.

> *Au dîner, ils étaient autour de la table, dehors. Je les regardais à travers la vitre et j'écoutais de la musique en faisant semblant de jouer de la guitare. Claude s'est retourné et m'a fait signe: "T'es fou!"*
>
> Normand Cajolais

IV

Chez Ritchey, l'incontinence fécale n'était que l'un des multiples effets d'une lamentable et profonde imbécilité. Chez Claude, c'était tout le contraire: toutes les tares à son comportement se rattachaient directement à cette incontinence - son cauchemar - laquelle trouvait son origine dans quelque désordre émotif remontant probablement à sa première enfance.

Quand il est arrivé à Terre des Jeunes en décembre 1975, Claude était âgé de vingt-deux ans et il vivait en institution depuis une dizaine d'années seulement *(sic)*, car contrairement aux quatre précédents personnages, il avait une véritable famille qui restait d'ailleurs en contact avec lui. C'était un petit bonhomme au teint foncé, avec des cheveux noirs et des yeux vifs qui bougeaient continuellement. Il avait un joli visage, un beau sourire et beaucoup de facilité à socialiser. Mais il était

132

également nerveux, voire même anxieux, et cela se manifestait surtout par une incontrôlable volubilité ahurissante, assommante. Normalement constitué, il y avait pourtant dans tous ses mouvements quelque chose de guindé, qui lui donnait étrange allure. En y regardant de plus près, on découvrait que Claude avait très peu de corporalité et qu'il était affreusement maladroit. Comme il ne semblait pas capable d'établir certaines relations très simples, on crut d'abord qu'il manquait tout bonnement d'intelligence, mais au bout de quelques mois, le problème se présenta différemment.

Ce garçon d'apparence si ouvert menait en fait une double vie. Il véhiculait un problème profondément enfoui en lui et protégé par un labyrinthe incroyablement compliqué et tellement efficace que personne jusqu'à ce jour n'est parvenu à y retrouver son chemin. En soi, ce labyrinthe représentait le principal obstacle au développement de Claude bien que son rôle original avait d'abord été de camoufler le problème véritable du jeune homme, je parle de son incontinence et par le fait même, du dérèglement émotif qui la provoque.

Imaginons une course au trésor. Le plan à suivre est horriblement compliqué, décousu, incohérent à souhait. Pourtant, si quelqu'un parvenait à y retrouver son chemin, il découvrirait avec étonnement et déception que le coffret tant convoité ne contient rien d'extraordinaire. C'est à peu près ainsi que le problème de Claude nous apparaît. À l'origine de tous ses problèmes extérieurs - anxiété, peu de corporalité, intelligence inefficace, etc. - il y a son incontinence: Claude ramène tout à sa marde. Parce que en soi, un problème d'incontinence n'a rien de bien difficile à résoudre généralement, on peut dire que c'est le trésor ridicule. Mais parce qu'il y a en dessous de cette incontinence un quelconque dérèglement d'ordre émotif, Claude fait un drame de cette petite chose et la camoufle du mieux qu'il peut. De là le labyrinthe et/ou le plan très compliqué pour parvenir au coffret vide.

Le problème émotif nous est inconnu et pour Claude, il est abstrait et donc plus difficilement saisissable. Mais il se traduit par l'incontinence et le garçon confond celle-ci avec son véritable malaise. Comme il ne parvient pas à surmonter son problème émotif, il se croit incapable de contrôler son intestin. Comme il souffre véritablement de ce problème émotif, il fait un drame de cette incontinence. Autour de lui, les autres - ses parents d'abord, puis ses thérapeutes ensuite -, incapables de percevoir la véritable origine de cet état de chose, s'acharnent à essayer de lui inculquer la notion de propreté, mettant par le fait même l'accent sur l'incontinence, et cela a pour effet de convaincre davantage l'enfant qu'effectivement, son problème est l'incontinence. L'adulte exerce une pression sur lui, ce qui aggrave la véritable cause de ce monumental quiproquo: le dérèglement émotif. De plus en plus troublé, l'enfant s'enfonce de plus en plus profondément dans son incontinence, alors l'adulte exerce de plus en plus de pression sur lui. Encore un cercle vicieux!

Bientôt, cela prend des proportions incontrôlables. L'incontinence devient un cauchemar pour l'enfant aussi bien que pour ses parents. Le garçon s'affole, les parents ne savent plus où donner de la tête. Une semaine, on essaie la méthode douce, l'autre semaine, en désespoir de cause, on prend la méthode forte et l'enfant, de plus en plus confus, abandonne des choses acquises pour mieux défendre une position dont il ne comprend pas le sens mais que tout s'acharne à lui rappeler constamment.

Lorsque au bout de quelques années, les parents décident d'abdiquer, ils confient leur fils à des spécialistes qui vont aussi s'évertuer à le rendre propre. Et le malentendu continue.

En temps normal, Claude chie deux fois par jour, ce qui veut dire deux fois plus que la moyenne des gens. Mais on observe qu'en période d'insécurité, son intestin travaille encore plus rapidement. Alors, Claude peut facilement chier quatre ou cinq fois au cours d'une même journée: sa marde est devenue son mode d'expression. Dans le même ordre d'idée, il apparaît que sans être constipé, Claude peut passer plusieurs jours d'affilée sans se souiller. Et l'on remarque que cela correspond invariablement à des périodes au cours desquelles il se sent moins menacé.

De toute évidence, il y a une relation directe entre sa marde et ce que nous appellerons son état d'âme. Et c'est justement là où la difficulté réside puisque d'une part il nous est à peu près impossible d'identifier les coordonnées de son émotivité frustrée, et d'autre part, son incontinence représente une désagréable réalité qui finit toujours par nous faire perdre patience.

D'ailleurs, il ne s'agit pas simplement de rester calme et d'afficher des trésors de tolérance pour résoudre le problème. Voici qui vous aidera à percevoir toute l'ampleur de la situation:

En janvier 1977, j'offris à Micheline et Normand de les remplacer auprès des enfants pendant quelques jours. Ils acceptèrent de bon coeur et, avant de partir, Normand me raconta en guise de conseil l'expérience d'un de ses amis qui les avait lui aussi remplacé quelques semaines auparavant. Il paraît que cet ami avait décidé de prendre Claude par la douceur. Non seulement ne faisait-il aucune remontrance au garçon lorsqu'il souillait son pantalon, mais encore profita-t-il de ces occasions pour lui manifester plus d'attention, allant sous la douche avec lui, le nettoyant de la tête aux pieds en lui parlant avec douceur, etc. Résultat: Claude redoubla d'enthousiasme et chia en moyenne quatre fois par jour jusqu'au retour de ses "parents" habituels.

Je pris la chose en considération et décidai de n'accorder aucune attention à ses selles, ne l'envoyant se changer qu'une seule fois par jour, avant l'heure du coucher. En revanche, je le laissai m'accompagner dans tous mes déplacements à la ferme et lui accordai passablement d'attention. Les résultats ne se firent pas attendre: il diminua de moitié son rythme de production. Je n'eus à essuyer aucune tempête de marde et deux soirs sur trois, c'était un seul tas de grosseur moyenne que nous retrouvions écrasé dans son caleçon.

Il y eut des périodes plus spectaculaires. En certaines occasions favorables, Claude demeura propre pendant quatre, six, huit et même dix jours d'affilée. Précisons que durant ces périodes, il semblait ne pas chier du tout. Sous le règne de Micheline et Normand, il lui arriva à deux occasions de faire sa crotte dans la toilette, ce qui représente une réelle amélioration, au moins au niveau de la motivation.

Il y avait deux niveaux aux difficultés d'apprentissage de Claude: le premier relatif à son incontinence et le second qui découlait directement du premier et qui se manifestait dans son comportement en général. Si, par son action, Terre des Jeunes n'est pas encore parvenue à solutionner le problème initial, elle a toutefois permis au garçon d'aller chercher certaines satisfactions dans des domaines tels la socialisation, la manipulation et l'association.

Au départ, par exemple, Claude manifestait davantage de peur brute qu'aujourd'hui. Son vocabulaire était passablement plus restreint et sa prononciation laissait à désirer. À Terre des Jeunes, il eut en plus l'occasion de se mesurer à différentes situations et de remporter certaines victoires. L'action qu'il exerça sur Marc, par exemple, le valorisa énormément. Plus tard, les relations qu'il eut avec Micheline et Normand, les sorties auxquelles ils le convièrent et qui lui donnèrent l'occasion de socialiser avec les gens du village contribuèrent également à lui redonner de l'assurance.

Il fit de véritables progrès. Lui qui, à son arrivée, ne semblait pas capable de distinguer le sucré du salé, le propre du malpropre; lui qui ne faisait pas la relation entre le tas de poussière et l'action de l'aspirateur; lui qui ne pouvait pas brancher un appareil électrique et qui ne parvenait pas à laver convenablement la vaisselle, est maintenant capable de voir à l'entretien ménager. Il prend sa douche seul et se nettoie convenablement le rectum. Il rince ses caleçons souillés et les range dans le panier à lavage. Il s'habille presque entièrement seul. Il est capable, en regardant l'adulte travailler, de prévoir de quel outil il aura besoin dans l'instant qui va suivre et rend de véritables services.

Durant la première semaine de mars 1976, alors qu'Aline Noël remplace Justin auprès des enfants, il déduit qu'elle partira lorsque Justin reviendra.

Le 19 mars, il essuie la vaisselle et fait reprendre à Serge des assiettes mal lavées.

De toute évidence, il saisit pertinemment la relation entre les remontrances et son incontinence. C'est pourquoi il lui arriva de cacher ses vêtements souillés sous son lit et, lorsque la cachette fut découverte, il alla les cacher sous le lit de Ritchey, l'autre incontinent.

À l'été 1976, lorsqu'il retourne à l'hôpital pour sa première série de tests, il laisse clairement entendre qu'il ne veut pas rester. Il répète plusieurs fois: "On va en bas! On va en bas! En toto! On s'en va! On s'en va!" Et lors de son deuxième voyage, il demande en montrant la route devant l'autobus qui les emporte: "On s'en va là-bas?" Puis il ajoute; "On va r'venir?" en indiquant la route, derrière.

Il surmonte sa peur de l'eau et se baigne dans le lac jusqu'aux épaules. Il réussit à franchir une vingtaine de pieds sur le pont de câble. Sa corporalité s'améliore nettement: il se découvre des tâches qui l'intéressent et apprend à pelleter la terre avec beaucoup d'aisance. Il travaille avec plus de fermeté et de concentration et refuse même de se laisser distraire par l'adulte, ce qui surprend grandement.

Au niveau du langage, s'il y a encore place pour de l'amélioration, il faut admettre que Claude est plus compréhensible et que son vocabulaire s'est sensiblement enrichi. Il cesse d'appeler tout le monde "mon'oncle" et apprend à utiliser les prénoms. Il dit: "Mimi (Micheline) pati. Va vénir démain." "Namon (Normand) va sper (souper)." "Va avé toé moé, laver linge." "O.k. man, va là-bas." "Pas papable, lui (en parlant de Ritchey)."

Plus il élargit son champ d'action et moins il ressent le besoin de quémander l'approbation, chose qu'il faisait constamment à son arrivée. Il se libère peu à peu de sa dépendance et parvient à se satisfaire lui-même, ce qui est sans doute sa plus importante acquisition.

Si nous ne pouvons pas mettre le doigt sur la cause originale de son désordre émotif, il reste possible que Claude puisera dans l'action assez de satisfaction pour solutionner lui-même son problème.

Il demeure très accaparant. Dès qu'arrive un nouvel adulte, Claude est toujours le premier à l'accueillir et à l'inonder de ses intarissables questions. Dans chaque adulte, il cherche la même chose, inlassablement, mais l'intensité de son besoin est telle qu'il ne se contient pas, et cela a généralement pour effet de mettre les gens en fuite. Ici, on tourne en rond.

En attendant que quelqu'un parvienne à résoudre cette énigme, Claude trouve au moins à Terre des Jeunes une grande liberté d'action et la possibilité de travailler lui-même à sa propre guérison.

V

Guy avait dix-neuf ans et un très gros problème qu'il traînait avec lui depuis plusieurs années. Depuis onze ans, il prenait tous les jours des médicaments destinés à l'empêcher d'halluciner. À son arrivée à Terre des Jeunes en décembre 1975, il venait de passer neuf ans en institution à Rivière-des-Prairies.

C'est avec la permission du docteur Louise Brochu que Justin lui coupa ses médicaments après les premières semaines. "J'aimerais mieux pouvoir utiliser cet argent pour lui acheter des outils" disait-il.

Sa mère venait le visiter régulièrement. Elle l'emmenait parfois en "vacances" à la maison, jamais pour très longtemps. Je crois qu'elle appréciait l'action de Terre des Jeunes même si parfois les conditions hygiéniques laissaient un peu à désirer. Elle lui apportait toujours des sucreries dont il raffolait. Parfois même, elle lui envoyait un paquet par la poste.

Si chacun des sept clients de Terre des Jeunes avait sa personnalité propre, on peut quand même dire que Guy se distinguait de tous les autres. De prime abord il était le seul psychotique - depuis le départ de Jean-Louis. Il passait souvent des journées, des semaines entières à l'écart, profondément enfoncé dans un "univers hermétique", les yeux hagards, en se tordant les doigts de désespoir et en se berçant sans arrêt...

Parfois il éclatait d'un rire nerveux et inquiétant, puis cessait tout aussi soudainement. Quand il était dans cet état, on pouvait difficilement le rejoindre. Lui parler ne servait à rien: il ne daignait même pas lever les yeux vers vous. Tenter de le secouer pour le tirer de son engourdissement ne donnait pas non plus de résultat. Quand il était comme ça, mieux valait s'armer de patience et attendre qu'un stimulus naturel - généralement la faim - le ramène sur terre.

Guy n'était pas recommandé par le personnel de l'hôpital où on le jugeait "trop profond" pour profiter de l'expérience. Mais la travailleuse sociale de Jules voyait les choses d'un oeil différent. Elle connaissait le garçon et pour des raisons qui lui sont personnelles, avait confiance en lui. Guy n'était pas placé sous la juridiction de Nicole Lebeau, mais elle parvint toutefois à convaincre son responsable de secteur, le docteur Laurendeau, de le recommander à Justin Bournival.

Ce genre de "flash" ne s'explique pas en termes rationnels. C'est une question de relation et celle que Nicole avait eue avec Guy lui permettait de savoir qu'il était capable d'améliorer sa condition. La confiance est un sentiment qu'on ressent plus clairement qu'on ne l'explique.

Quand Guy vivait une "période troublée", il était seul au monde. Bien sûr la faim pouvait le ramener sur terre, mais il retombait aussitôt dans ses rêveries morbides.

Cela commençait sans avertissement et sans que rien survenu la veille ou les jours précédents puisse servir d'explication logique à sa transformation aussi soudaine qu'accablante.

Un beau matin il refuse de quitter sa chambre. Bien sûr qu'il a pu se passer quelque chose la veille: il se passe "quelque chose" tous les jours dans un contexte comme celui-là! Assis sur son lit, il se berce nerveusement en se tordant les doigts. La nuit, il grogne ou rit très fort, d'un rire maniaque vraiment désagréable. Quand il quitte sa chambre, c'est en marchant comme un somnambule qu'il se dirige vers la cuisine ou la salle de séjour où il s'empare de ce qui lui tombe sous la main et le dévore l'air absent. Il a toujours l'air d'être sur le point d'éclater mais ça tarde, ça tarde; ça peut même ne pas venir... Ça peut aussi nous péter dans le visage n'importe quand, parce qu'il se berce comme ça depuis deux, trois, quatre jours, parce qu'il a les yeux cernés jusqu'au menton, parce qu'à force de se tordre les doigts, il empeste la transpiration, parce qu'il est bourré de tics nerveux, de spasmes, parce qu'il hallucine à longueur de journée... Parce qu'il se sert une assiette de riz et met deux heures à la manger. Parce qu'il inspire la folie. Parce qu'il fait peur.

Il ne participe pas aux activités. Il reste à l'écart et se berce. Il ne touche plus à terre, il n'est pas de ce monde, il a complètement perdu contact avec ce que nous appelons la réalité.

Là où il est, personne ne peut le rejoindre, personne ne peut l'aider. Dix jours s'écoulent sans qu'il donne le plus petit signe de rétablissement. Encore cinq jours, peut-être davantage, et puis un beau matin que rien ne distingue des autres, son visage est meilleur. Il est plus réceptif et plus attentif à son entourage. Il mange de bon appétit. Il est enfin de retour. Ça n'a pas éclaté. Il est fort. Ce sera pour la prochaine fois...

Un matin, à neuf heures, il est déjà tout habillé et prêt à s'en aller dehors. Mais il passe quand même l'avant-midi dans le chalet. Au début de l'après-midi, Justin descend à la ferme pour chercher du bois et le voilà qui sort en trombe, qui court, qui dépasse Justin et qui se dirige à travers champs en direction du clapier. Il est mal habillé, le coupe-vent rouge pas fermé, une botte de motoneige dans un pied, une espadrille dans l'autre. Il s'enfonce dans la neige molle, le vent lui fouette le visage, il fait froid. Alors il revient dans le sentier battu. Il cherche.

Justin le laisse faire et prépare son bois. Sur l'entrefaite le camion de moulée arrive et pendant qu'il reçoit et signe la facture, Guy disparaît sur la route. Justin a beau courir à l'auto, le temps de démarrer l'enfant est déjà hors de vue.

Justin part à sa recherche avec l'intention de l'amener faire un tour d'auto quand il l'aura trouvé. Il roule pendant deux kilomètres sans l'apercevoir. Il revient sur ses pas, plus lentement, en explorant des yeux les cours de fermes et les entrées de maisons. Rien.

La dernière entrée est un chemin menant à un chalet retiré. Il entre et voit Guy devant le chalet, contemplant une grande fenêtre. Il l'appelle. Après une assez longue hésitation, Guy se décide et vient vers lui. Alors une femme sort de la maison en retenant un gros berger allemand:

"J'étais pour vous téléphoner. C'est Terre des Jeunes? ... Il est chanceux, mon chien aurait pu lui sauter dessus!... Il voulait arracher l'extension... Pas de dommage, merci!"

(Visite de la Sûreté du Québec, le soir à ce sujet.)

Dans l'auto, Justin s'aperçoit à quel point ça n'a pas l'air d'aller. Les yeux cernés, le teint blafard, Guy regarde fixement par la fenêtre. Justin l'emmène au bureau de poste pour y chercher un paquet à son intention en se disant que ça va peut-être lui changer les idées... Mais au retour, le paquet ne paraît pas plus important que cela. Il essaie de le placer dans le ventilateur d'étable.

"Non Guy, c'est un paquet pour toi, une surprise... C'est maman qui t'envoie ça, un cadeau... Viens Guy..."

Arrivé au chalet, il va s'asseoir sur le lit de Marc, le paquet reposant sur ses cuisses. Mais il ne l'ouvre toujours pas. Une heure plus tard, quand Justin l'aide à déchirer l'emballage, il regarde sans enthousiasme les livres de bandes dessinées, le casse-tête et l'auto à coller, puis s'en va se coucher.

D'autres jours cependant, quand tout va bien, Guy se débrouille mieux que n'importe lequel de ses compagnons. Dans son subconscient, il a accumulé un tas d'informations qui lui reviennent de temps en temps, toujours sans avertir, et se traduisent dans son comportement par des gestes brillants qui le distinguent véritablement.

C'est lui qui apporte la majorité des innovations culinaires, lui qui sait se servir de l'ouvre-boîte, lui qui comprend le mieux le pourquoi de chaque objet. Un matin de janvier, pour déjeuner, il se prépare des beurrées de fromage comme les autres, mais innove en les mettant au four à 150° C jusqu'à ce que le fromage soit fondu et que le pain ait doré.

Un autre jour, il s'empare des quatorze oeufs que Justin avait apportés pour le déjeuner des gars et les casse un à un dans le grand bol jaune qu'on utilise généralement pour les poudings. Sachant que la nourriture peut aussi devenir à l'occasion du matériel didactique, Justin le regarde faire en essayant de deviner à quoi il veut en arriver. Pourtant, il n'y a pas de pouding ce matin, ni de mélange à biscuit… Qu'est-ce qu'il peut bien vouloir préparer? Une omelette?

Il cherche le sucre dans l'armoire et ouvre une douzaine de sachets dont il ajoute le contenu aux oeufs. Ça va faire une omelette sucrée!…

Le poêlon qui a servi la veille à faire cuire le poisson est encore tout sale. Guy le lave consciencieusement. Puis il s'en va chercher un pain tranché et le dépose devant son grand bol jaune. Le beurre est sorti, le poêlon chauffe. Il trempe son pain…

"J'ai mon voyage, dit Justin, il prépare du pain doré!"

Noël Pagé, le responsable de l'audio-visuel à Rivière-des-Prairies, apporte deux grandes bobines de film que Justin a tournées au chalet et qu'il a envoyé développer et monter. Il fait deux représentations en deux jours. À chaque visionnement, Guy s'amène. Il se présente avant la fermeture des lumières, s'installe et se berce durant toute la durée du film. Parfois il cesse son mouvement et fixe l'écran avec beaucoup d'attention. Il semble particulièrement intéressé par son image.

Cet enfant est intelligent. Mais il est psychotique, c'est-à-dire susceptible de retomber n'importe quand dans des états hallucinants dont il ne perçoit pas - dit le *Petit Robert*… - l'aspect morbide. Son cerveau n'est pas véritablement retardé ou atrophié, mais il n'est pas libre des pensées qu'il émet. C'est un cerveau tourmenté et c'est de ce tourment qu'il lui faudrait pouvoir se libérer. Guy ne s'appartient pas: il appartient à ce qui est plus fort que lui, en lui. Il lui faudrait apprendre à développer ses forces…

141

C'est du moins l'opinion de Justin qui prétend qu'il faut un minimum de confiance en soi pour commencer à vivre.

C'est donc dans cet état d'esprit qu'il le fait travailler à la scie sauteuse. Guy aime visiblement manipuler un appareil "qui fait du bruit" et travaille avec beaucoup d'application. Il est habile et il est bon pour lui de pouvoir s'en apercevoir. Quand il travaille ainsi, quelque chose de remarquable se produit: il n'a pas de spasmes. Il se contrôle! À intervalles, il arrête de scier, fait ses spasmes et reprend son travail. Il se débrouille vraiment très bien et n'a aucune difficulté à poser la lame ou à brancher correctement la fiche.

Mais ce n'est pas facile de communiquer avec lui. Obéissant, docile, relativement tranquille, il demeure impossible d'évaluer ses émissions (les messages transmis par son comportement) ou d'apprécier la valeur des messages qu'on lui envoie.

Un matin, il n'a pas l'air d'aller. Depuis le lever il est assis sur une chaise dans la cuisine et se berce comme quand il se prépare à sombrer dans une de ses périodes troublées. Il transpire abondamment. Il a l'air tellement tendu et tellement préoccupé que Justin décide de tenter quelque chose, n'importe quoi, pour le tirer de là.

Il essaie d'abord de contrôler son balancement, mais Guy a les nerfs tellement tendus qu'il est impossible à maîtriser comme ça, à bout de bras. Alors Justin décide d'utiliser tout son poids et il s'asseoit sur lui. Guy résiste et le balancement persiste. Justin insiste, Guy pousse plus fort. Non, ça ne va pas!

Il le couche par terre et essaie tant bien que mal de le maintenir ainsi. L'autre n'est pas content et pioche sauvagement. Justin a du mal à le contrôler. Il essaie de donner des coups de pied dans la fenêtre. Justin le tire au centre de la pièce et le bouscule tendrement. Enfin, il se calme légèrement et après quelques minutes, semble un peu plus présent.

Il a son veston et ses bottes. En ouvrant la porte sur un magnifique matin d'avril, Justin l'invite à le suivre dehors. Aussitôt Guy s'élance et l'autre suit derrière, craignant la fugue, le bris. Mais rien. Guy s'arrête devant la grange et observe.

Justin l'invite à venir faire une commission au village et Guy ne se fait pas prier car il adore se promener en auto. Mais voilà qu'elle refuse de démarrer et Justin doit se résigner à lui demander de descendre. Comme il n'a plus d'activité à proposer, il remonte vers le chalet tranquillement, flânant près de l'enclos, à la débouche des drains. Guy suit derrière et regarde avec intérêt l'eau qui coule dans la rigole. Arrivé au chalet, Justin qui n'a pas envie de rentrer tout de suite utilise la flânerie comme prétexte à demeurer dehors. Il va du côté sud, vers son endroit préféré au soleil, avec vue sur la ferme. Il ramasse quelques copeaux de bois et s'assoit sur une bûche.

Cinq minutes plus tard, Guy vient s'asseoir tout près. Il fait beau. Les enfants circulent, les oiseaux chantent. Un jonco ardoisé picore près du chalet. Ils demeurent ainsi tous les deux sans rien dire pendant une demi-heure peut-être et Justin découvre qu'il aurait envie de pouvoir lui parler. En fait, ce n'est pas tellement l'envie de parler comme celle d'entrer en contact avec cet enfant si particulier. Se tirailler ne lui paraît plus indiqué. Guy a besoin d'être respecté comme n'importe qui. Commander, dresser ne sont pas non plus des formules basées sur le respect. Alors… il reste la parole. S'il comprend, ce sera tant mieux. Sinon, il n'y a pas grand-chose à perdre. Il dit:

"Guy, tu es un garçon intelligent. Tu fais beaucoup de choses. Reste au soleil. Reste dehors, ça va te faire du bien. Ça va t'aider à guérir…"

Il a l'impression de prononcer les dernières paroles à un moribond.

"Guy, me comprends-tu? Écoute: fais-moi signe si tu me comprends…"

Justin a passé son bras autour des épaules de Guy qui demeure immobile. Lentement, il fait un signe de tête et laisse échapper dans un souffle: "Oui".

Une semaine plus tard, sa mère vient le chercher pour un séjour à la maison. Quand elle le ramène au bout de deux jours, elle semble déçue. Il a mal mangé, moins bien que la fois précédente. Il a manifesté très peu d'intérêt pour la télévision et pour le tourne-disque. Elle ajoute: "Il semble plus heureux ici."

Justin répond: "Souvenez-vous! Onze années de médications, neuf ans d'institution et peu de résultats. Ici nous essayons autre chose…"

Pendant qu'elle se dit contente de l'essai, Guy est là qui observe et Justin est persuadé qu'il comprend. Pour le taquiner, il dit à sa mère: "Un gars comme ça, il faut le pousser à l'eau!"

Il y a un ruisseau tout près. Justin pousse; Guy se défend et rit…

Depuis quelques jours, Micheline et Normand habitent le chalet en compagnie de Justin et/ou de Lise Blanchard qui a été présente depuis le début du projet et qui connaît bien les enfants puisqu'elle habite la maison de ferme et qu'elle a fréquemment remplacé Justin depuis le 1er mars. En principe, Micheline et Normand entreront officiellement en fonction le 8 mai 1976 mais deux jours auparavant, vers quinze heures, on s'aperçoit que Guy a disparu et on finit par le retrouver au centre d'eau où, une bûche à la main, il s'affaire à démolir les toilettes une à une. Il est très tendu. Il s'enfuit aussitôt dans sa chambre en courant.

Amené ainsi à brûle-pourpoint et hors de son contexte, cet incident peut ne pas paraître significatif. Mais on découvre bientôt que Guy réagit violemment au changement qui est en train de s'opérer (à savoir l'entrée en fonction de deux nouveaux moniteurs) et qu'il semble être le seul des sept à percevoir. On implique à son insécurité les événements qui vont suivre.

Le 9 mai, il casse une grande vitre de la salle de séjour. Le lendemain, il essaie plusieurs fois de récidiver. Le 12, il y parvient! Le 13, Normand l'empêche de recommencer deux fois, mais durant la nuit, quand tout le monde dort, il se lève pour casser une troisième vitre. Par la suite dans sa chambre, il rit sans arrêt malgré les deux bonnes tapes sur les fesses que Normand lui a administrées. Blessé dans son orgueil d'adulte, celui-ci essaie alors de le raisonner:

"Voyons Guy, pourquoi tu casses les vitres?, lui demande-t-il doucement. Tu vas nous faire geler. Il fait encore pas mal froid, la nuit… Guy?… Guy! Regarde-moi dans les yeux…"

On parle, on parle… on n'y croit pas vraiment jusqu'à ce que survienne quelque chose qui nous fige sur place, qui nous fait courir un frisson le long de l'échine.

Tout à coup, Guy tourne la tête et braque son regard dans le blanc des yeux de Normand qui a un mouvement de recul. Le visage de Guy est si proche du sien qu'il peut sentir son souffle sur sa peau. Et ce regard! Ce regard pénétrant. Sûr qu'il est intelligent…

Cinq jours plus tard, Normand l'amène avec lui au garage de la ferme où il entreprend de chercher un bout de tuyau pour réparer la douche. À sa grande surprise, Guy cherche aussi! Il trouve même deux bouts de tuyau qui feraient l'affaire et les fixe au morceau que Normand tient dans sa main. Alors celui-ci lui explique qu'il faut un tuyau avec du filtage aux deux extrémités. Guy semble très bien comprendre. Il dévisse ses deux tuyaux et recommence à chercher.

Cet enfant est loin d'être un idiot! Quand Normand lui demande d'aider à nettoyer le terrain, il est souvent dans la lune mais il est aussi le seul à pouvoir faire la différence entre les roches et les morceaux de bois - qui ne vont pas dans le même tas.

En Micheline et Normand, je l'ai déjà dit, les enfants trouvent davantage l'image rassurante du père et de la mère. Leur vie se meuble de mille et une petites choses, banales pour certains, mais merveilleuses pour des enfants qui ont grandi dans une institution. Des petites choses de tous les jours comme Micheline qui borde Guy en le mettant au lit et qui caresse un instant ses cheveux. Et des résultats merveilleux comme ce beau sourire d'enfant heureux qui illumine le visage de Guy pendant qu'il s'endort.

Comme une jeune maman, Micheline voudrait lui apprendre à parler. Quand il l'entraîne devant le pot de bonbons, elle exige qu'il prononce le mot bonbon s'il veut qu'elle lui en donne. Et il le dit! Plus tard, pour avoir des "peanuts", il le dira encore comme pour démontrer qu'il a compris.

Avec les mois qui suivent, son vocabulaire s'enrichit sensiblement. Il dit oui et non avec à-propos. Il dit bonbon quand il veut des bonbons, chocolat, pain et beurre pour signifier déjeuner; il dit eau, mais il refuse de se baigner.

Mais un jour de juillet, Micheline et Jocelyne - une monitrice du camp d'été - l'emmènent avec un groupe d'enfants en excursion à la rivière. Le long du chemin, il se comporte comme un petit garçon, tenant sa monitrice par la main, davantage par adoration que par crainte de se perdre car ce "petit garçon" a quand même de la barbe au menton. Il descend très bien la pente abrupte qui mène à la rivière mais encore une fois refuse obstinément de mettre ne fut-ce qu'un pied à l'eau.

Alors les filles usent d'un stratagème qui a déjà maintes fois fait ses preuves. Elles entrent dans l'eau jusqu'à la taille et se mettent à crier:

"J'ai peur! J'ai peur! Guy, viens nous sauver!"

Il n'hésite pas longtemps. Enlevant son chandail il descend dans l'eau jusqu'à elles en marchant prudemment à travers les roches. Don Quichotte ne sait pas nager. Quand il les rejoint, sa peur de l'eau est une affaire du passé et pour remonter la rivière tout le reste de la journée, il marche dans l'eau avec elles en leur tenant la main. "Proposez-leur des activités qui ont du sens pour eux", qu'il disait! Ce jour-là, pour la première fois, Guy prononce son nom.

Vers la même époque, Micheline lui apprend à compter sur ses doigts. Il répète "un, deux, trois…". Trois semaines plus tard, il sait compter jusqu'à dix! Micheline lui fait aussi faire des jeux d'enfants comme celui qui consiste à classer des cartons de couleurs différentes. Il réussit souvent du premier coup et chaque succès ajoute à sa joie de vivre, de sorte qu'à la fin de l'été, il est complètement transformé.

Il semble chaque jour plus présent. Il demande ce qu'il veut par gestes quand il ne peut pas l'exprimer verbalement. Lui qui ne parlait pas du tout neuf mois auparavant, commence à avoir un vocabulaire imposant - composé d'une douzaine de mots. La révélation dans cette histoire ce n'est pas qu'il ait pu apprendre à prononcer des mots mais plutôt qu'il ait eu suffisamment envie de communiquer pour accepter d'apprendre des mots.

Dans le même ordre d'idées, il est moins retiré qu'avant. Moins égoïste aussi. Quand il prend une pomme, par exemple, il songe à en offrir une à Micheline ou Normand et même à Claude ou Serge. Quand il les accompagne au village, il est de plus en plus décontracté. Il regarde ce qui se passe autour de lui et manoeuvre de manière à se faire offrir le plus de friandises possible. Il parvient même à s'imposer à l'occasion dans la cuisine, malgré les protestations de François.

Il est excellent cuisinier et s'améliore encore tous les jours. Il a surtout le sens de la texture des pâtes et celui du degré de chaleur requis à la cuisson. C'est l'essentiel. Il lave très bien la vaisselle et nettoie consciencieusement la table et le comptoir après les repas.

Il rit de plus en plus souvent et il est frappant de constater à quel point ce rire a changé. Avant, c'était un rire d'halluciné. À la fin de septembre 1976, c'est devenu vraiment un rire de gaieté et de joie.

Guy adopte des allures de véritable enfant. À la ferme, on se dit qu'il commence à vivre.

VI

François est un enfant perturbé. Un enfant troublé par en dedans. Pas troublé mentalement, non, mais troublé émotivement, affectivement. Il mène une vie intérieure intense, balayée par des vents violents et souvent contraires. Il a fréquemment le coeur gros, les nerfs à vif. Il a surtout besoin de stabilité émotive.

Gardé en institution avec des enfants nettement inférieurs à lui, François cultivait de la frustration. Bien sûr, il n'avait eu aucune difficulté à se distinguer de la masse de ses congénères, et cela lui avait permis d'accéder au statut privilégié d'enfant choyé. En tant que tel, il avait droit au genre de relations auxquelles tout son être aspirait, mais cela ne correspondait pas vraiment à l'ampleur de son véritable besoin.

Pourtant, il en était arrivé à la conclusion qu'un statut privilégié dans une institution psychiatrique valait mieux que pas de statut particulier dans un monde moins limité et s'accrochait fanatiquement à sa piètre sécurité.

Quand il comprit que Terre des Jeunes avait des choses vraiment intéressantes à lui proposer - la possibilité de devenir le roi et maître d'une vraie cuisine - il changea son fusil d'épaule. Je suis persuadé que François n'a pas identifié directement la ferme à son véritable problème, mais qu'il a accepté d'y séjourner à cause des compensations qu'il se sentait susceptible d'y trouver. François avait sans doute depuis belle lurette perdu ses illusions.

J'ignore le commencement de cette histoire. J'ignore de quoi est née cette tare à son équilibre émotif. Bien sûr, une telle indication pourrait accélérer sa guérison, mais qui donc est en mesure de nous la procurer?

Certainement pas François! Il est bien trop occupé à supporter les effets de cette abomination pour se sentir en mesure de jouer les psychanalystes.

Le problème de François ressemble à une allergie. Il peut se lever d'excellente humeur un matin et tout à coup, à cause d'un certain type de poussière dans l'air, se sentir dégoûté de la vie. Si seulement il était allergique à la poussière... mais c'est beaucoup plus subtil!

Il y a des jours où on dirait que tout va mal. Ces jours-là, inutile de sortir, inutile d'essayer d'y changer quelque chose, le mal provient de l'intérieur et la potion magique qui ramènerait notre sourire n'existe pas sur le marché. Dans un tel cas, la meilleure solution consiste encore à ne pas trop y penser. Mais ce n'est pas toujours facile.

Si Claude parvenait un instant à mettre de côté le problème relatif à son incontinence, combien il se sentirait soulagé! Si le paranoïaque pouvait bannir de ses pensées, pendant une heure entière, le reste du monde, comme il respirerait librement! Mais le problème, justement, c'est de l'avoir toujours présent à l'esprit, comme une ombre, comme un nuage gris qui nous fait craindre à tout instant la pluie; le problème c'est d'avoir toujours peur que notre satané problème se mette à faire des siennes. Combien de gens entretiennent leurs "bibittes", combien de gens les nourrissent de leur propre sang. Se faire du mauvais sang, c'est nourrir ses bibittes...

Le cas de François est encore plus subtil. Décidément, j'en reviens à mon exemple d'allergie. Ou disons, d'équilibre.

Supposons un équilibriste sur un fil d'acier. Depuis des mois, il présente son numéro sans que le moindre incident se produise. Et puis un soir, qu'y avait-il de différent ce soir-là? Un soir, il a perdu son équilibre, il a dégringolé. Pourquoi? L'équilibre, c'est avant tout dans la tête.

Regardez un joueur de billard. Un jour, il réussit des coups spectaculaires et le lendemain, il ne vaut pas une claque. Cela arrive fréquemment. Les habitués savent de quoi il est question. On est dedans ou bien on ne l'est pas. C'est dans la tête. Ici, l'équilibre s'appelle de la confiance. C'est du pareil au même. Du "visou"? Non! De la confiance...

Des boules et des poches. Ça passe ou ça ne passe pas. Il n'y a qu'à frapper juste ici, et ça y est. Pourquoi ce coup qu'il réussit généralement, le joueur de billard le manque-t-il aujourd'hui? Dans bien des cas, le joueur ne trouve qu'à répondre: "J'sais pas, j'chu pas d'dans à soir...". Freud vous dirait qu'il s'est

148

peut-être chicané avec sa blonde, qu'il a peut-être mal digéré son souper, qu'il a peut-être mal baisé la veille... Reste qu'il a manqué un coup qui était dans la poche parce que l'équilibre, la confiance, n'y était pas.

François est un être fort. En aucun cas, il ne s'abaisserait à courir après l'adulte pour obtenir la sécurité dont il aurait tant besoin. Il ne donne pas facilement sa confiance, François. Il préfère se fier à son propre jugement, à tort ou à raison, avoir confiance en son propre baromètre et fabriquer tout seul ses potions.

Mais il n'a pas assez de force pour se guérir lui-même. Le genre de mal dont il souffre depuis toujours (sans doute) ne cède pas la place à n'importe quelle incantation païenne. Et François le sait bien.

Certains enfants déséquilibrés sont comme des chiens fous. À la moindre caresse, ils se roulent par terre, rampent vers la main de leur maître, la lèchent et grimpent au septième ciel. Seulement, dès qu'on leur tourne le dos, ils retombent brutalement dans la réalité, leur réalité peu enviable.

Pour atteindre les hautes sphères du bien-être émotif, François a besoin de bien davantage qu'une caresse en vitesse. D'une certaine manière, il ressemble à ces vierges qui considèrent leur virginité comme le trésor le plus magnifique et qui se conservent intactes pour celui qui saura les aimer.

Il a beaucoup de noblesse, mais le trésor qu'il conserve intact est encore bien plus magnifique. On l'entrevoit certains jours quand ses yeux brillent d'un éclat particulier. François est comme un amant solitaire qui soupire à l'occasion mais qui ne perd pas la foi.

Tous ceux qui ont vécu avec François ont vu cet éclat dans ses yeux et savent de quoi je veux parler. Un jour, parlant de cette paix mystique qui émane de lui dans ces occasions-là, Normand s'est écrié:

"François, c'est le soleil du groupe!"

Depuis une heure, je tourne autour du pot. J'aurais envie d'écrire: "François a besoin d'être aimé", tout simplement, car c'est la vérité fondamentale. Mais je n'ose le faire car ces mots ont été trop utilisés et ne conviennent plus à la pureté du besoin de François.

François ne se laisse pas prendre facilement. Il se veut difficile à aimer. Et pourtant, c'est ce à quoi il aspire le plus profondément, le plus totalement, dans son corps, dans son coeur, dans son cerveau. Dans son âme... Et quand il a mal, c'est dans son âme, surtout.

François se lève généralement de belle humeur. Il fait son lit avec sérénité et s'en va à la cuisine préparer le déjeuner des autres. Il aime cette heure de la journée où tout est calme autour de lui, où rien ne vient troubler les ondes qui émanent de lui dans l'éther. Si la chose s'avère nécessaire, il ira tout à l'heure réveiller les dormeurs pour leur signifier qu'une autre journée vient de commencer. Voilà très exactement le genre de message que François aime à aller porter. Il les éveille en douceur, sans un mot, généralement en posant la main sur leur épaule. Il est bon, quand on sait de quoi il est question, d'ouvrir les yeux sous le regard paisible de François. Le repas terminé, il lave volontiers la vaisselle. Il a encore son beau sourire aux lèvres et cet éclat particulier dans les yeux. Il est habité par l'amour. Il en sera ainsi du reste de la journée si rien ne vient le troubler. Si, par contre, quelque chose vient se mettre en travers de son chemin, François peut aussi bien se métamorphoser en créature sauvage et hargneuse. L'amour et la haine, on le sait, s'abreuvent à la même source.

27 février. (Justin)

François est un gars cicatrisé au plan physique et au plan affectif. Ce matin, je lui dis bonjour. Il faut que je répète trois fois mon bonjour, essayant de susciter une réponse, et tout ce que j'obtiens, c'est une répétition de mon "bonjour François". Mais il prépare le café et le fait tellement bon qu'après en avoir bu une tasse, je le prends par le cou et lui dis: "C'est beau, François". Il a tôt fait de se libérer de mon étreinte trop accaparante. Il semble dire: "Laisse-moi tranquille. Je ne le fais pas pour toi. Je le fais parce que j'en ai envie. J'en ai vu d'autres....

Cela ne veut pas dire qu'il ne m'aime pas. Qu'il n'a pas besoin de moi. Qu'il n'aime pas me rendre service. Il m'imite beaucoup. Notre relation en est vraiment une de respect. Il m'apparaît comme un gars qui a beaucoup souffert.

François sait où il va. Il sait également ce qu'il veut et de quelle manière il désire l'obtenir. La pureté de son désir est telle

150

qu'elle donne lieu à des éclats de violence, de désespoir, de cruauté. C'est son côté délinquant. Il se nourrit de tout ce temps qui passe alors que l'amour ne vient pas. Certains jours, François aime à casser des vitres; il aime les moments de crise ou de colère autour de lui. Dans ces moments-là il rit à gorge déployée, avec un air de dire: "C'est bien fait, ça leur apprendra..."

C'est tout à fait normal. S'il n'y avait cet aspect à sa personnalité, François ne serait pas vraiment vivant. Il faut haïr et se révolter contre ce qui nous empêche d'être heureux. Il faut se battre...

François est malheureux. Mais pas assez malheureux pour se laisser abattre. Quand il lui arrive une bouffée de ce désir d'amour, il en a l'estomac à l'envers. Il en perd le contrôle et sa paix se transforme bientôt en colère. Alors, il peut cracher le feu.

Et puis il s'effondre, épuisé, ou éclate en sanglots.

Heureusement, cela ne lui arrive pas souvent.

J'ignore dans quelle mesure, mais il est évident que François cherche davantage du côté des filles que de celui des garçons la chose qui saura lui donner satisfaction. Il était plus près de Micheline que de Normand, bien qu'il eut avec ce dernier une excellente relation. Mais il n'aurait jamais demandé à Normand de le caresser.

23 mai (Micheline)

Dans l'après-midi, aujourd'hui, François me suit après que j'aie passé sur le tronc d'arbre qui traverse la rivière. Il traverse de côté et me tend les bras. Il sourit. Il a les yeux tout brillants et reste dehors avec nous. Ce soir, il s'approche de moi et met mes mains sur sa tête. Je le caresse. Il prend ma bague et la met à son doigt, puis la remet au mien.

2 juin (Micheline)

Tout à l'heure, il me pique le coude avec son ciseau. Je sursaute et lui parle un peu fort. Il me regarde dans les yeux. Quand je reviens, au bout de cinq minutes, il pleure et penche tout son corps par en avant. Je lui demande ce qu'il a: il ne me répond pas. Je l'embrasse. Il me rend un bec mouillé, et sourit.

28 juin (Normand)

François se dirige vers le miroir et regarde longuement son image. Il prend son visage entre ses mains et dit et redit: "Fanfois".

1er juillet (Normand)

Visite du frère de Micheline accompagné de sa femme et de leur enfant. François prend le visage de la petite Annie entre ses mains et dit: "bébé". Plus tard, il veut la prendre dans ses bras. Micheline lui aide. Bernard, le frère de Micheline est inquiet. Sa femme, Henriette, pas du tout. François aime les enfants.

Si c'est grâce à la largesse d'esprit de Justin que François a pu, durant les premiers mois, se créer un mode de vie qui lui convienne mieux, c'est toutefois sous le règne de Micheline et Normand qu'il a vraiment osé faire lui-même les premiers pas vers autrui. Une présence féminine, celle de Micheline en l'occurrence, apportait à son univers le petit quelque chose qui transformait sa poésie mystique en tendresse vibrante. Il passait des soirées à regarder Micheline, à l'écouter parler; et si celle-ci était "la femme de Normand", cela ne l'empêchait nullement de se frotter à elle avec un air de dire: "Serre-moi dans tes bras maman".

Silencieux, il était comme un petit chérubin qui planait au-dessus de cette exceptionnelle famille. Il portait sur chacun de ses membres un regard enveloppant et rassurant; il savait à leur sujet des choses que le commun des mortels ne comprendra jamais.

Dans ce contexte, la paix émanait de lui en gerbes odoriférantes. Il se sentait comme jamais il ne s'était senti heureux. Et pourtant, ce n'était qu'une impression. Mais il avait un flair particulier pour ce genre de situation. Il aimait cette ambiance et voulait y participer.

30 juillet (Normand)

Visite à Rivière-des-Prairies. Toujours aussi "cool", François dîne au secteur 3 et s'occupe en faisant cinq lits. Durant le repas, il sert le jus aux patients et se comporte de façon exceptionnelle. Les éducateurs le trouvent transformé et beaucoup plus débrouillard qu'avant. Cela fait plaisir à entendre. Lorsque arrive l'heure du départ, il va faire ses adieux à son vieil ami Émilien et prend la main de Marc. Au secteur 7, il tente de convaincre Denis de revenir avec nous mais l'autre ne veut décidément rien entendre.

2 août (Normand)

François pose des gestes qui me fascinent. Un jeune campeur a les souliers délacés. Deux fois, j'ai vu François les attacher. Il choisit son linge: ce soir, il m'emprunte un chandail (genre poncho) qu'il aime particulièrement. Ça lui va bien, effectivement. Un lavabo est bloqué: François le débouche. Denis passe ses journées à déplacer les objets (savon, bouton de la sécheuse, bouteilles, linge sale, poubelles): François remet tout à sa place sans que personne le lui demande.

Je lui donne un peu de ma liqueur. Marc, qui est assis à côté, le regarde boire. François s'en aperçoit et lui en donne quelques gorgées.

Il prend Claude qui gigote dans son coin et l'amène aux toilettes. Une dizaine de minutes plus tard, Claude ressort. Je regarde dans la toilette: il flotte une couple de belles grosses crottes et l'eau est jaune. Chapeau! Tard dans la soirée, quand je rentre au chalet avec Marc et Guy, François s'en vient à ma rencontre et me remet le chandail que je lui avais prêté.

François n'est plus celui que j'ai connu au mois de mai. Il est devenu un vrai jeune homme, j'en suis fier!

POSTFACE

par Justin Bournival

Hier après-midi je ramassais de l'eau d'érable avec les deux Michel (Bournival et Leduc) et les sept gars nous donnaient un coup de main. On entaille 1200 érables et quand ça se met à couler, il n'y a pas de temps à perdre, vous savez. On travaillait donc depuis une grosse heure quand j'ai pris conscience de ce qui se passait.

La neige très molle défonçait sous nos pas. Les chevaux enfonçaient jusqu'au ventre. Il nous fallait courir dans le bois pour rapporter les chaudières remplies de sève; des chaudières de neuf litres, c'est pesant quand on se promène en raquettes dans de mauvaises conditions. Des fois la neige défonce et une raquette se bloque dans un mètre de neige mouillée et ce n'est pas facile de la dégager sans perdre l'équilibre ou sans renverser sa chaudière.

Guy était justement aux prises avec un tel problème. Je me suis arrêté pour le regarder tenter difficilement de se dégager le pied droit en tirant et tout à coup c'est venu et il a failli tomber sur le dos. Mais en donnant un coup de reins il a repris son équilibre pour constater avec effarement que sa botte était restée prise sur la raquette, au fond.

Il lui a bien fallu dix minutes pour se dégager l'autre pied qui venait d'enfoncer à son tour, se rechausser et venir vider sa chaudière qui, par miracle, n'avait pas renversé. C'est beau, Guy! Quand je pense qu'il y a deux ans, c'est à peine s'il voulait se lever pour venir manger...

Il n'était pas le seul, hier, à nous donner un coup de main. Tous les autres faisaient leur part, chacun à sa manière selon ses aptitudes. Marc se débrouille pas mal. Michel Leduc leur a confectionné un petit traîneau - réplique miniature de celui auquel les chevaux sont attelés, avec un baril dans lequel on vide l'eau d'érable - que les gars poussent ou tirent et c'est là une des spécialités du grand Marc. François, qui n'aime pas pousser parce qu'il n'est pas fort, est très habile par contre pour vider les chaudières sans en renverser et pour les raccrocher aux arbres. Serge en fait tout autant, mais jamais très longtemps. Quand il en a assez, il se faufile en douce et prend le bord du chalet. Claude n'est pas capable de raccrocher ses chaudières aux arbres: ce sont François ou Guy qui le font pour lui. L'autre Claude, celui qui est venu pour remplacer Ritchey, déborde d'énergie mais manque désespérément d'initiative. Il est fort et habile mais il attend toujours qu'on lui dise quoi faire. On voit qu'il a du retard sur les autres. Quant à Denis, il a suffisamment de misère à suivre avec ses raquettes sans aller s'encombrer d'une chaudière. Il se contente de nous suivre et à l'entendre maugréer j'imagine un peu ce que cela doit représenter à ses yeux.

"Ça fait beaucoup d'action pour des déficients mentaux profonds plafonnés", me suis-je dit. Oui, j'étais fier de les voir aussi dégourdis, aussi enthousiastes, aussi vivants. En une heure et demie, ils ont rapporté un peu plus de 275 litres de sève, c'est beaucoup! Là-dessus, ils en ont peut-être renversé 10%, mais c'est comme ça: il faut de la perte matérielle et du temps.

Je me disais aussi: "Il n'y a pas que les gars qui ont appris. Il y a aussi ce Michel Leduc qui vit avec eux depuis sept mois déjà. Que de patience et de compréhension il a... Dans le fond, c'est qu'il est rendu lui aussi à avoir confiance, à croire que ces gars sont capables de ramasser l'eau d'érable et qu'il faut leur laisser le temps. Il rit des gars qui culbutent, encourage celui qui réussit à verser sa chaudière au baril sans en perdre une goutte, installe des câbles pour qu'ils puissent tirer leur traîneau. Il est joyeux, gai, entraînant comme un violoneux qui fait danser dans les veillées."

En marchant devant nous, Serge est de si belle humeur qu'il chante à pleine voix. Ça me fait chaud au coeur. Cela faisait longtemps, il me semble, que je n'avais pas entendu quelqu'un chanter en marchant. De toute évidence, les gars sont heureux. C'est ça qui me réjouit le mieux.

L'automne dernier, j'avais entrepris de faire un montage sur film pour démontrer leur évolution depuis le début du projet. J'avais l'idée de comparer leurs réactions devant des situations qu'ils n'étaient pas capables de surmonter il y a deux ans et qui ne posent plus de difficulté aujourd'hui. Puis je me suis demandé: "À quoi ça sert de faire tout ça? Les gens qui vont regarder le film peuvent aussi bien penser que j'ai passé deux ans à les dresser pour leur faire exécuter ces quelques trucs insignifiants. Plutôt que de faire la lumière sur l'expérience, cela risque d'induire en erreur. De toute façon, l'essentiel n'est pas là…" Car c'est un fait: les résultats que nous avons obtenus sont beaucoup plus spectaculaires que n'importe quel test d'aptitudes. Être ou ne pas être capable d'attacher ses souliers ne signifie rien du tout quand on a l'impression de se réaliser à travers les actions que l'on fait, quelles qu'elles soient. Et des actions comme ça, nos gars en font quotidiennement depuis qu'ils ont repris contact avec la vie. C'est pour ça qu'ils chantent en marchant. L'essentiel est atteint: les gars se réalisent. Après tout, le bonheur est-il autre chose que la réalisation de soi? Existe-t-il une autre tâche plus importante dans la vie d'un homme?

Nous avons eu raison d'avoir confiance en ces gars-là.

La semaine dernière, il est venu 230 personnes dîner à la cafétéria. Nos gars faisaient partie du groupe et vous auriez dû voir comment ils ont fait ça: de vrais petits messieurs! Depuis le départ de Micheline et Normand il y a un an, c'est ma fille Marie qui les remplace avec Michel Leduc auprès des enfants. Évidemment elle a sa part dans cette réussite et j'étais heureux pour elle ce midi-là quand nos sept compagnons faisaient la preuve devant 230 témoins que la confiance que nous leur avons témoignée n'a pas été une vaine tentative mais une forme nouvelle de traitement efficace… et respectueux.

C'est pourquoi je souhaiterais que cette expérience puisse servir à d'autres, et que cette confiance que nous avons eu raison de témoigner à des déficients mentaux profonds, d'autres enfants - normaux - puissent en profiter à leur tour.

Si des déficients mentaux profonds sont capables de se prendre en charge au niveau de la nourriture, du vêtement, de la fatigue, de se défendre contre le chaud et le froid, comment des enfants normaux ne seraient-ils pas capables d'assumer ces responsabilités? Si on peut faire confiance à des débiles, pourquoi ne ferions-nous pas confiance à des enfants (choyés) bien munis? En voulant toujours protéger nos enfants contre tout ce qui pourrait si bien les initier à leurs propres moyens, ne les privons-nous pas d'une denrée essentielle à l'évolution?

Il faut aussi accorder la même confiance aux personnes qui se sont engagées à aider les enfants - les moniteurs, les éducateurs, ceux qui vivent avec eux - car c'est à ces personnes que les enfants s'accrochent. C'est le moniteur qui influence l'enfant, pas la méthode. C'est l'engagement de la personne qui va déterminer la modification des comportements. Ils sont liés par la même corde.

Imaginez une mère de famille dans sa cuisine, avec son fils auquel elle est reliée par une corde nouée au poignet. C'est la mère qui ajuste la corde - et elle sera longue ou courte selon le degré de confiance qu'elle accorde à son fils. Si la corde est courte, la mère dérangera continuellement le fils. "Viens ici!… Touche pas!… Ôtes-toi de là!…" Et dans la même mesure, le fils dérangera la mère. Si la corde est longue, les dérangements mutuels seront moins fréquents - chacun pourra mieux se réaliser librement.

Si l'éducateur est libre de ses mouvements, de sa méthode, de son genre de relation, il a davantage de chances de se réaliser et est par conséquent plus en mesure de transmettre ce qu'il possède.

Je me sens comme au bout d'une longue chaîne qui prendrait naissance au gouvernement et dont tous les maillons - ministres, fonctionnaires, institutions, syndicats, profession-nels, parents, éducateurs - convergent vers un même point - l'enfant. Nous travaillons tous pour le bien des enfants, pour l'amélioration de la qualité de vie. Malheureusement, notre approche institutionnelle semble plutôt basée sur le modèle industriel où le patron songe à réaliser le plus de profits possible et où l'employé essaie coûte que coûte d'obtenir sa part du gâteau.

Pourtant en éducation, l'objectif est commun à tous les engagés: aider les enfants. Nous allons dans le même sens… pourquoi pas ensemble?

Peut-être est-ce une autre de ces utopies auxquelles je rêve de plus en plus sérieusement. Je pense à Robert Boulanger et Noël Pagé qui l'ont si bien souligné dans leur vidéo intitulé "Utopie pour un insensé" tourné à Terre des Jeunes au cours des deux dernières années avec les acteurs que vous connaissez.

À l'autre bout de la chaîne, le maillon Bournival veut participer et assure tous les autres niveaux de sa collaboration dans un grand climat de confiance.